ちくま学芸文庫

倫理学入門

宇都宮芳明

筑摩書房

目次

まえがき

今日われわれは、さまざまな場面において、「倫理」ということを問題にする。マスコミの世界においても、「倫理」という言葉は、たびたび登場する。しかしそこで問題にされ、話題とされる倫理は、必ずと言ってよいほど、なんらかの冠を頭にかぶせた倫理である。「政治」倫理、「企業」倫理、「報道」倫理、「医療」倫理、「生命」倫理、「環境」倫理、などなどがそれである。ここではこれらを一括して、冠倫理とよぶことにしよう。それぞれの冠倫理において話題となるのは、政治とか企業とか医療といった、きわめて限定された局面における倫理である。そこでたとえば、企業倫理と医療倫理とは、お互いにまったく無関係なものとして扱われることになる。だが双方ともに「倫理」とよばれるからには、そこにはなにか共通したものがあるのではなかろうか。しかしそれを探るには、まず冠の付いていない、「倫理」そのものとはなにかが問われなければならない。冠倫理は、「応用倫理」と言ってもよいが、しかし各場面に倫理を応用するためには、それに先立って、応用されることになる「倫理」そのものとはなにかを知る必要があろう。この『倫理学入門』で取り上げるのは、冠倫理もしくは応用倫理ではなく、その基になる倫理それ自体である。これまでの倫理学の歴史に注目しながら、倫理というものをどのように考えたらよいか、その手引きを提供したいというのが、本書の狙いである。

「倫理学」という学問について言えば、日本では幕末から明治のはじめにかけて、西洋からさまざまな学問が移入したが、倫理学もその一つである。倫理学は、英語の ethics に当たる学問で、ethics はラテン語の ethica に由来し、それはさらにギリシア語の ēthikē に由来する。つまり倫理学は、西洋ではギリシアの昔からあった学問で、すでに二千年以上の歴史をもつが、それが日本に移入されたのは、僅か百数十年ほど前のことである。明治一四年（一八八一）に刊行された『哲学字彙《じい》』は、日本ではじめての哲学辞典とされているが、その内容は、哲学に関係のある英語の学術用語の一つ一つに日本語訳を当てたもので、ethics には「倫理学」という訳語が当てられている。ethics には「名教学」とか「倫学」という訳語が当てられたこともあるが、「倫理学」という訳語が定着したのは、ほぼこれ以降と見てよいであろう。

ところで西洋では、倫理学は誕生の当初から「哲学」の一部であった。『ニコマコス倫理学』とよばれるアリストテレスの書物で扱われている事柄は、アリストテレスの哲学の一部である。またヘレニズムの時代のストア派は、哲学の全体を、「論理学」と「自然学」

と「倫理学」とに三区分した。自然学は、人間によって左右されない自然の事柄を対象とするが、倫理学は、人間が創りだした法や制度や、さらにはそれらによって生きる人間そのものを対象とする。つまり倫理学は、その当初においては、きわめて広範囲にわたる人間的事象を扱う「人間学」であった、と言えるであろう。しかしこの包括的な学問は、時代が下るにつれて、さまざまな学問へと分化する。今日、人文科学や社会科学に属する学問の多くは、この包括的な倫理学から分化発展した学問である。その結果、取り残された「倫理学」の対象は狭い範囲に限定され、それはもっぱら人間の「倫理」すなわち「道徳」や、それにかかわる人間の「実践」を主題とする学問となった。倫理学が、現在、「道徳哲学」とか「実践哲学」とかよばれることがあるのも、そうした理由からである。

だが倫理学のテーマのこのような変遷は、実は道徳というものが、人間にとってもっとも基本的で重要な事柄であることを、物語っているのではなかろうか。ギリシア語で physikē とよばれる「自然学」も、その後さまざまな学問に分化し、それらはいま自然科学と総称されているが、ギリシア語の physikē の原型をとどめている英語の physics は、現在では「物理学」のことである。つまり自然のあらゆる領域を貫通するもっとも基本的な自然法則を扱う自然学が、「物理学」として残ったのである。それと同じように、倫理学の主題として最後まで残された「道徳」もまた、人間のあらゆる活動の基本をなす事柄であると考えられる。ギリシア語の ēthikē は、人間の「性格」を示す ēthos から創られたが、人間のあらゆる活動はその人の「性格」によって定まり、その「性格」はまた、その人が身につけた「道徳」によって規定されると見れば、「道徳」は人間のあらゆる活動の基本である。人間のさまざまな活動領域に応じてさまざまな冠倫理が話題とされるのも、こうした事情によるのである。

倫理学は、さらに、哲学の一部分であるだけではなく、実は哲学の中枢に位置する学問である、と言うこともできる。なぜなら、ソクラテス以来、哲学の中心課題は、人間はいかに生きるべきかという問いに答えることにあったと見ることができるからである。われわれはこの問いに、倫理すなわち道徳を抜きにして答えることはできない。道徳は、人間の行動を支配し、行動全体からなる人間の生き方をも支配しているからである。冠倫理に先立って、そもそも倫理とか道徳とよばれているものがなんであるかを問うことが必要なのは、このことからも言えるであろう。繰り返すと、この『倫理学入門』が試みたのは、人間が生きていくための原理となる道徳について、それをどのように考えたらよいか、その手引きを提供することである。それが手引きであると言うのは、道徳とは元来、人間の一人一人が自分で考え、自分で身につけるものだからである。「まえがき」は以上にとどめて、本論に入ることにしよう。

＊　本論で原典から引用した際に、訳書でその箇所を指示したが、筆者が原典から直接に訳したり、あるいは他の訳者の訳語を使用したりした箇所があって、引用が指示された訳書の訳文と厳密に一致していないことがあるのをお断りしておきたい。
なお、用語の原語表記については、出典が多岐にわたるため、原綴の前にギリシア語＝ギ、ラテン語＝ラ、英語＝英、フランス語＝仏、ドイツ語＝独のように表記し、その言葉が何語であるかを明示した。

宇都宮芳明

一九九六年四月

倫理学入門

第1章　倫理学がたずねるもの

I　「人間とはなにか」という問い

人間を定義する試み

「まえがき」でものべたように、倫理学は、その成立の由来からして、「人間」についての学である。倫理学がたずねるもっとも基本的な問いは、「人間とはなにか」という問いである。では、倫理学はこのようにたずねることによって、人間についていったいなにを問い求めているのであろうか。

一般に「Xとはなにか」という問いは、Xという概念について、それを明確に規定することを目指している。その場合、通常なされる手続きは、Xという概念を定義するという手続きであろう。そこでたとえば、「三角形とはなにか」と問い、「三角形とは三つの直線によって囲まれた平面図形である」と答えるなら、これは三角形という概念についてその定義を与えたことになる。われわれはこの定義によって、「三つの直線で囲まれた平面図形」を見るときは、それがいつも「三角形」とよばれるものであることを理解する。では、「人間とはなにか」と問う場合も、人間についてこうした形での定義を求めているのであろうか。

外形による人間の定義

ギリシア古典時代の哲学者プラトン（前四二七―三四七）の著作として伝えられているもののうちに、『定義集』という書物があるが、そのなかに人間について一つの定義が示されている。[1] それによると、人間とは、「羽のない、二本足の、平たい爪をもつ動物」である。人間は動物ではあるが、空を飛ぶ鳥とは違って羽がなく、また陸上を這う四本足の動物とは違って、二本足で歩く。平たい爪をもつという奇妙な規定が加えられているのは、プラトンが教室で「人間とは羽のない二本足の動物である」と語っているところに、シノペのディオゲネス（前四〇〇頃―三二三）という人物が羽をむしりとった鶏を持ち込み、その定義によるとこれも人間だとからかったことによるという逸話がある。[2] つまり人間は尖った爪ではなくて平たい爪をもつことで、羽をむしられた鶏とは区別されるわけである。

ともあれ、『定義集』では、人間についてこのような定義が与えられているのである。

ところでこの定義は、人間の外形に注目した定義であり、したがって人間をほかの動物から眼で見て区別する、つまり識別するのに役立つ面をそなえている（先の三角形の定義も、三角形という図形をほかの四角形や五角形から識別する役割を果たしている）。人間は羽をもたず、二本足で歩くという外形的特徴をそなえていることで、ほかのすべての動物から識別される。外部から見て人間を識別することが問題ならば、人間とはこれこれの頭部をもち、これこれの手足や胴体をもつといった具合に、人間の体形をもっと正確に示す定義を与えることもできるであろう。だが「人間とはなにか」という問いで問い求められているのは、人間とよばれるものがどのような外形をもつかということにすぎないのであろうか。

パスカルの批判

パスカル（一六二三―一六六二）は、『幾何学的精神について』という未完の遺作のなかで、「人間」という言葉がなにを指し示しているかは誰にとっても自明の事柄であり、ことさらに定義などする必要はないとした上で、プラトンの『定義集』で示されている人間の定義を嘲笑している。パスカルに言わせると、人間は二本足を失うことで人間性を失いはしないし、鶏は羽を失うことで人間性を獲得するわけでもないのである(3)。

だがここで、パスカルが、「人間は二本足を失うことで人間性を失いはしない」と語っていることに注目しよう。不幸にして足を失ったひとでも、それによって「人間性」を失いはしない。とすれば、この場合の「人間性」とはなにかということが、改めて問われなければならないであろう。それは眼に見える人間の外形ではない。しかしまた定義というものも、つねに外形的特徴に頼らなければならないというわけでもない。たとえば「水とはなにか」という問いに、「水とは水素原子二個と酸素原子一個とが結合したものである」と答えれば、これは水についての一つの定義であろう。この場合の定義は、外形的特徴による定義ではなくて、眼には見えないがそのものを構成している内的要素による定義である。では、人間もまた、それを構成している内的要素とも言える内的特性によって、定義できるのではなかろうか。そしてそれが、人間が足を失っても依然として所有するとされる「人間性」ではなかろうか。

2 人間としての本性

内的特性による人間の定義

「人間性」とは、手許にある辞典（『岩波国語辞典』）を引くと、まず第一に、「人間としての本性」を意味し、第二に、「人間らしさ」を意味する。「人間としての本性」つまり「人間の本性」は、誰でもが人間である限り共通にそなえている人間の基本的な内的特性を指すと考えてよいであろう。したがってそれを示すことができれば、たんなる外形的特徴による定義とは異なった人間の定義が得られるはずである。

こうした仕方による人間の定義のもっとも古い型は、これまたギリシア古典時代において見いだされるが、それは「人間は理性的動物である」という定義である。人間は動物という「類」に属する一つの「種」であって、人間という種をほかの動物から区別する決定的な特徴（これを「種差」と言う）は、人間だけがロゴス（ギ logos）をもつ、ということにある。ロゴスというギリシア語は、第一には「言葉」を意味するが、さらには言葉を用いてものごとを考える能力、すなわち「理性」を意味する。人間は言葉をもつ動物であり、理性をもつ動物であって、人間はこのことによってほかの動物から決定的に区別される。(4)こうして「人間は理性的動物である」という定義が生まれたが、この定義はその後の西洋の歴史において長い間用いられることになり、人間とはなにかを考える際にきわめて重要な役割を果たしてきた。今日、現生人類に「ホモ・サピエンス（ラ homo sapiens、知性人）」という学名が与えられているのも、人間のこの伝統的な定義によるのである。

人間のほかの定義と科学的人間像

だが近世の終わりから現代にかけて、この伝統的な人間の定義は揺らぎはじめ、それに代わってさまざまな人間の定義が登場することになる。いくつかの例をあげると、人間のもっと原始的な状態に注目すれば、人間は道具を作り出し、それを用いることによってはじめてほかの動物とは違ったものになったとも考えられる。このように考えれば、人間は「知性人」としてよりも、むしろ「ホモ・ファーベル（ラ homo faber、工作人）」として定義されるであろう。道具を使って労働することに人間の本質があると見れば、人間は「労働人」として定義される。あるいは人間のさまざまな文化活動の基底にあるのは「労働」よりも「遊び」であるという見方をとれば、ホイジンガ（一八七二―一九四五）のように、人間を「ホモ・ルーデンス（ラ homo ludens、遊ぶ人）」と定義することもできる。(5)

またカッシーラー（一八七四―一九四五）は、外界に対する動物の反応形式と人間の反応形式の違いに注目し、人間はさまざまなシンボルすなわち象徴を介して環境に適応する「象徴的動物（ラ animal symbolicum）」であると定義した。(6) さらには特異な視点からではあるが、ベルクソン（一八五九―一九四一）のように、人間だけが笑うことができ、また人間的なものだけが笑いの対象になるということから、人間は笑う動物であり、笑わせる

動物である、という定義を下すこともできるのである。(7)

ところでこうした人間の諸定義とは別に、近世以降、さまざまな個別科学が分化発展するにつれて、さまざまな科学的人間像が描かれるようになる。たとえば、生物学は、人間を一種独特な生物であるという観点から捉え、生物学的人間像を描いてみせるし、経済学はもっぱら人間を経済的活動を営むものとして捉え、そこから経済学的人間像を描いてみせる。心理学は心理学的人間像を描き、社会学は社会学的人間像を描く。個別科学が異なるにつれて、それだけの数の異なった人間像が成立するのである。

現代の状況

このように人間についてさまざまな定義が与えられたり、さまざまな科学的人間像が描かれたりするのは、人間についての探究がそれだけ深まったからだと言えるが、しかしまた逆に、これと言った人間の決定的特徴が見いだせず、それだけ人間とはなにかということがいっそう疑問になってきたからだとも言える。M・シェーラー(一八七四―一九二八)が、「人間と歴史」(一九二六)という論文で語っているところによると、「いかなる時代といえども、われわれの時代ほど人間の本質と根源とについての見解が不確実で無規定で雑多な時代はなかった」し、「われわれは今日もはや人間の本性についての見解にかんして、いかなる一致をも有していない」のである。(8) シェーラーのこの発言からすでに七〇年の歳月が経過しているが、今日でも事情は変わらない。むしろ混迷の度はいっそう高まったとも言えるのである。

「人間の本性」である「人間性」を一義的に規定することは、今日このように困難な状況にある。強いて人間について定義するとしたら、「人間とは「人間とはなにか」と問うことができるものである」としか言えないであろう。あるいはプレスナー(一八九二―一九八五)によると、人間はその諸活動において決して完全に自らを認識することはできず、その意味で人間は自分自身に対して隠されている。こうした人間の本性にしたがって、人間はあらゆる定義から身を引くのであって、キリスト教の神秘主義が神を「隠れた神(ラ Deus absconditus)」と捉えるのになぞらえて言えば、人間は「隠れた人間(ラ homo absconditus)」である。(9) こうしたプレスナーの見方によれば、「人間とは定義できないものである」というのが、人間の定義ということになろう。

3 人間らしさ

「人間の本性」から区別される「人間らしさ」

ところで人間については、人間の定義や人間像のほかに、まだ問われなければならないことがある。先に見たように、「人間性」という言葉は、「人間の本性」のほかに、「人間らしさ」を意味していた。では、いったい「人間らしさ」とは、どのようなことであろうか。先の辞典で「人間らしい」という項目を引くと、そこに「人間としての本性をそなえている」という説明がある。そうだとすれば、「人間の本性」がなんであるかが明らかになれば、そこから「人間らしさ」もおのずから明らかになろうし、またもし「人間の本性」が特定できないとすれば、「人間らしさ」もまた特定できないことになろう。だがはたしてそうであろうか。

日本語の「らしい」という表現は、事柄を推量する場合にも用いられるが（たとえば、これは模造品らしいと言う場合）、あるものがそのものにふさわしいということを示す場合にも用いられる。「人間らしさ」とは、人間が人間であるにふさわしいという後者の用法によるもので、それはさしあたって、人間らしい人間、人間であるにふさわしい人間に見いだされる特性を指す、と言ってよいであろう。したがって「人間らしさ」は、「人間の本性」からは区別されなければならない。「人間の本性」は、人間の誰もがそなえている人間共通の特性を意味していたが、「人間らしさ」は、そうした特性とは異なるからである。

「人間らしさ」としての人間性がもつきわめて重要な特徴は、人間がそれを喪失することもあるということである。人間は、「人間の本性」としての人間性を失うことはないが、「人間らしさ」としての人間性は失うことがあり、それによって、非人間的となる。「人間らしさ」としての人間性は、それを欠いた「非人間性」に対立する概念であり、しかも「人間の本性」としての人間性とは異なって、そのうちにすでに人間についての一種の価値規定を、すなわち倫理的な価値規定を、含んでいる。人間らしい人間とは、倫理的に善いと評価される人間であり、人間らしさを欠いた非人間的な人間は、倫理的に悪と評価される。とすれば、倫理学が「人間とはなにか」と問うことで問い求めているものがなんであるかは、もはや明らかであろう。倫理学が問い求めているのは、実はこの「人間らしさ」としての人間性であり、それが人間のどこに成り立つのか、ということなのである。

ちなみに、「人間性」に当たる英語は humanity であるが、humanity もまた、「人間としての本性」と「人間らしさ」という二つの意味をもっている。人間は、人間としての本性、すなわち英語で human nature に当たる humanity をそなえている限りにおいて、ほかの動物から区別される。しかし同時に、humanity は、人間らしい人間がそなえている特性をも指していて、それを欠いた人間は、非人間的、すなわち inhuman であるとされる。「人間らしさ」としての humanity は、非人間性、すなわち inhumanity に対立する概念である。つまり「人間性」に二義性が見いだされるのは、日本語に限らないのであって、この二義性が西洋の倫理学で錯綜している事情については、第2章で改めて問題にすることにしよう。

人間の善さ

倫理学は、真・善・美という三つの価値のうち、とくに善を対象とする学であると言われることがあるが、ところでアリストテレス(前三八四―三二二)が『ニコマコス倫理学』のなかで語っているところによると、倫理学が対象とするのは、善そのものとか、プラトンの言う「善のイデア」とかではなく、あくまでも「人間の善(ギ to anthrōpinon agathon)」である。アリストテレスによると、「善い」という言葉は、「ある」という言葉と同じように、多くの事柄についてさまざまな仕方で用いられるのであり、「善」はこれらすべてに共通な、ある一なるものではありえない。また仮にそのような単一な善が存在するとしても、それは倫理学が求めている「人間の善」、つまり「人間の行うべき善、獲得すべき善」とは言えないのである。(10) アリストテレスの言うこの「人間の善」、人間としての善は、まさに人間の「人間らしさ」のうちに見いだされる善である。そうだとすれば、アリストテレスもまたその倫理学のなかで、こうした「人間らしさ」としての人間性を追究したのだと見てよいであろう。

倫理的判断の基準

われわれは日々さまざまな事柄について「よい」とか「わるい」といった価値判断を下し、それに従って生きている。健康を維持するにはどうすればよいか、車を買うときにはどのような車がよいか、休日をどのように過ごせばよいか、こうしたことを思いめぐらすときも、さまざまな価値判断が働いている。人間は、価値を抜きにして、さまざまな事実についての知識だけでは生きていくことができない。そうした価値判断のうちに、事柄を「倫理的（道徳的）に善い」とか「倫理的（道徳的）に悪い」と判定する倫理的（道徳的）な価値判断がある。倫理はその意味で、われわれの生活に密着した事柄である。われわれは誰でも、つまり倫理や倫理学に無関心な人でも、自分が下す倫理的判断に従って、進んであることをしたり、あることを控えたり、他人を称賛したり、他人を非難したりしながら生きている。たとえ倫理とか道徳という言葉に嫌悪感をもつ人でも、その人が自分の生活のなかで自分なりになんらかの倫理的判断を下しつつそれに従って生きている以上、否応なく倫理や道徳にかかわりあっている。ところで価値判断には、事柄のよしあしを測るなんらかの基準があって、価値判断はこの基準に従って下される。では、われわれは倫理的判断を下す際に、いったいなにを基準として、つまりなにに照らし合わせて、ある事柄を倫理的に善いとか悪いと判断するのであろうか。

倫理的な価値判断が、ほかの効用的価値や美的価値などの判断と根本的に異なる点は、後者が人間以外の事物や事柄についても下されるのに対し、前者はもっぱら人間の事柄にかんして、つまり人間の行為や性格や心情などにかんして下される、ということにある。効用的価値については、「この薬はよい」というように薬についても下され、美的価値については、「この景色はよい」というように自然の景色についても下される。しかし自然が人間にさまざまな恵みを与えることがあっても、自然が「倫理的に善い」とは言わないし、自然が（たとえば台風や洪水によって）人間に災厄をもたらすことがあっても、自然が「倫理的に悪いことをした」とは言わない。ヒグマが人間を襲っても、ヒグマが「倫理的に悪い」とは判断しないし、公害が生じても、たとえば有機水銀という自然物が人間に倫理的に悪いことをしたとは判断しない。公害において倫理的に悪いとして非難されるのは、それを引き起こした人間なのである。

そうしてみると、われわれが倫理的善悪の判定を下す際に基準としているのは、やはり「人間らしさ」としての人間性である、と言えるであろう。われわれは「人間らしさ」を基準として、ある人間の行為や心情がそれに適合していると思われる場合に、それらを倫理的に善いと判断し、それに離反していると思われる場合に、倫理的に悪いと判断する。倫理学は「人間らしさ」とはなにかを追究するが、それが明らかになれば、われわれが下す倫理的善悪判定の基準もまた明らかになるであろう。

第2章　人間性について

I　自然主義の見方

ふたたび「人間の本性」について

第1章で、「人間性」には、「人間の本性」と「人間らしさ」という二つの意味があることを指摘した。「人間の本性」は、すべての人間がそなえているとされる人間の特性であって、これは人間らしい人間にのみ見いだされる「人間らしさ」からは区別される。しかしそうではあるにしても、両者がともに「人間性」とよばれるからには、両者の間になんらかのつながりがあるのではなかろうか。もしつながりがあるとしたら、「人間の本性」を明らかにすることができれば、そこからこのつながりをたどって、倫理学が求めている「人間らしさ」とはなにかを明らかにすることもできるであろう。では、こうした試みは可能であろうか。

だがその前に、まだ検討しなければならないことがある。それは、ここですでに前提とされていること、つまりすべての人間に共通な「人間の本性」が存在し、それが一人一人の人間の在り方をあらかじめ規定している、という前提である。人間についてさまざまな定義が下されるようになるのも、すでにこのことが前提されているからである。第1章では、このことを前提として話を進めたが、しかしこの前提は、決して自明の事柄ではない。では、この前提そのものは、どのような考え方に基づいて生じたのであろうか。

自然主義の人間性理解

人間は、個人としてはその素質や性格において十人十色であるが、しかし存在するものすべてを含む自然界という広大な世界を考えると、そこでは各個人はすべて「人類」という同一の類に属していると見ることができる。人類のうちにもさらに人種間の差異が見いだされるが、しかし人類とその他の動物との間の差異は、たとえ人類にもっとも近いと見なされている動物との差異を取り上げるにしても、人種間のいかなる差異よりもはるかに大きい。実際、人種を異にする人間の間からも、人類の一員である人間が生まれるが、人間と他の動物との間からは子供は生まれない。つまり人間は、誰であれ、自然界のうちの自然的存在としては、人類の一員として限定されていると見ることができるのである。

このように人間をまず自然界のうちに位置するものとして捉える見方を、これから「自然主義」の見方とよぶことにしよう。この自然主義の見方に従って、人間にはすべてに共通する「人類性」とでもよぶべき特質が存在すると考えられ、それがまた、「人間の本性」という形で捉えられる。前章でも触れたように、「人間の本性」は、英語では「人間の自然」すなわちhuman natureと言うが、この表現は人間の本性と自然とのつながりを明瞭に示している。人間の「本性」は、とりもなおさず「自然本性」であって、人間の本性を決定的に特徴づけているのは、自然主義の見方によると、こうした人間の自然的特性なのである。

「人間の本性」が自然本性として捉えられる以上、それは人間が自然界において人間以外のものに変化しない限り、これまた変化しない不変のものと考えられる。それは古代の人間にも現代の人間にも共通する人間特性であり、時代や場所の違いを超えて存立する普遍的な人間特性である。この特性はまた、将来人類が地上から消滅するまで永続するであろう。自然主義の立場から見れば、人間の自然本性である「人間の本性」は、人類が存続する限り存続する永遠普遍な人間特性なのである。

自然主義による「人間らしさ」の理解

したがってもし「人間の本性」からなんらかの仕方で「人間らしさ」を導き出すことができるとすれば、この「人間らしさ」もまた、時代や場所に拘束されない普遍的で永続的なものと考えられることになろう。また「人間らしさ」は、人間の倫理的善悪を判定する際の基準であるから、これまた時代や場所の違いを超えた、一にして普遍的な、永続的な倫理が存在することになろう。われわれがそれを発見し、それに従って生きれば、人間らしい生き方を送ることができるのである。

自然主義の立場に立つ倫理学は、こうして人間の自然本性に立脚した倫理を提唱する。後に見るように、たとえばアリストテレスは、人間が理性的動物であるという人間の自然規定から、人間がこの理性をよく発揮して理性的に生きることに人間の「人間らしさ」があると考えた。また人間はすべて快を求め苦を避けるという自然本性をもつと考える近世の功利主義は、そこから最大多数の人々に最大の幸福（快）をもたらす行為が倫理的に正しい行為であり、「人間らしさ」にかなった行為であると考えた。これらはいずれも自然主義の立場から、人間の自然本性を土台として、そこからすべての人間に当てはまる普遍的で永続的な倫理の在り方を求めたと見ることができるのである。

2 歴史主義の見方

歴史主義の人間性理解

自然主義は、人間をまず自然界のうちに位置する不変の存在として捉えたが、ところで人間は、ほかの動物と同じように、たんに自然的な存在にとどまるのであろうか。人間がほかの動物と異なるのは、動物の本性が自然によって全面的に規定され、歴史的に変化しないのに対し、人間は歴史を作り、また自らが作る歴史によって逆に自らを規定することにあるのではなかろうか。われわれが以下で「歴史主義」の見方とよぶのは、このように人間をまずもって歴史的な存在として捉える見方のことである。

この歴史主義の見方に従うと、人間は歴史とともに変化するものであり、自然主義が人間の自然本性という形で捉えた「人間性」もまた、歴史的に変化するものとされる。古代の人間を規定していた人間性は、中世の人間を規定していた人間性とは異なるし、それはまた近世や現代の人間を規定している人間性とも異なっている。進歩とか退歩といった考えを歴史のうちに持ち込み、人類は歴史とともに進歩するという見方をとるひとは、そこから人間性の進歩について語り、逆に歴史を人類の退歩・没落の過程と見るひとは、そこから人間性の頽落について語る。歴史には進歩も退歩もないとする見方からは、それぞれの時代の人間性は、いずれもその時代に特有な、その意味での独自性をそなえているという考えが結果するであろう。歴史的地域的に限定された民族の独自性を強調し、人類に普遍的な人類性よりも各民族の民族性を重視する民族主義的な見方も、民族をたんに人類の自然的な一種族としてではなく、歴史的に独自な宗教や文化を担った存在として捉えている限りでは、歴史主義の一形態と言えるのである。

歴史主義の成立

一般に「歴史主義」とよばれる思想形態が西欧でいつ生じたかについては諸説があるが、一応それは一八世紀の啓蒙期以降に成立した思想形態であると見てよいであろう。『歴史主義の成立』を書いた歴史学者マイネッケ（一八六二―一九五四）は、歴史主義の成立に際し、「問題の中心はすべて、人間の最高の理想の永続性と、人間本性の永久的同一性を信ずる頑強な自然法的思考を軟化させ、流動化させることにあった」と語っている(1)。またマンハイム（一八九三―一九四七）によれば、「歴史主義」とは、「宗教的に制約されていた中世の世界観が崩壊し、さらにそれを世俗化した啓蒙期の世界像が、超時代的な理性という根本思想とともに自らを廃棄した後に、おのずから形成されてきた世界観」であり(2)、さらにスターンによると、歴史主義が否定しようとしたのは、それまで通用していた「自然法」とか、その理論的前提となる「普遍的な人間性もしくは人間理性」という考えなのである。(3)

以上の諸発言からも知られるように、歴史主義が批判の対象としたのは、人間には歴史的に変化しない永続的で普遍的な人間本性がそなわっているという見方であり、またそうした本性を、人間が理性的であるということに置く古代ギリシア以来の伝統的な人間観である。これはつまり、自然主義の見方による人間の理解方式であって、歴史主義はこうした自然主義の見方に対抗して生じた新たな人間理解の方式なのである。

倫理についての歴史主義の見方

自然主義の見方は、人間の「人間らしさ」を人間の自然的本性から導くことができると考え、したがっていつの時代にも変わることのない普遍道徳が存在すると考えた。しかし歴史主義の見方によると、人間のそうした普遍的本性は存在しないから、どの時代にも通用する普遍道徳というものも存在しない。スターンによると、「歴史主義」とは、「真理・法・倫理など、一般にすべての思想とすべての価値を、特定の歴史的時期、特定の文化の所産として、さらには、限られた民族的もしくは地域的集団の所産として把握する、歴史

的相対主義」なのである。(4)

歴史主義は、時代を超えた普遍道徳の存在を否定することにより、道徳を時代や場所が異なるにつれて異なる相対的なものと見なすのであって、こうした見方は、ある時代や地域の道徳が、そこで生きた人々の世論によって作られるという考えと結びついている。すでに啓蒙期の哲学者ロック(一六三二―一七〇四)も、道徳は世論によって生じる「世論の法(英 law of opinion)」であって、道徳的善悪の基準は、人々の「ひそかな暗黙の賛同」により、「世界の人々のいろいろな社会・民族・集団のうちに確立される」と考えていた。(5)そうしたある特定の世論がなぜある特定の時代・場所に生じたかについては、さらに歴史学や、社会学や、文化人類学といった諸科学がそれを探求するであろう。ともあれ、歴史主義の見方に従えば、人間が歴史的な存在である以上、人間の「人間らしさ」とされているものもまた不変ではなく、歴史的地域的に変化するものとされる。各民族にはそれぞれ独自の倫理があると考え、たとえば日本人には日本古来の倫理があり、それは西欧の倫理とは異なるものだと主張するひとがいれば、そのひとはやはり歴史主義の見方に賛同していることになろう。

3　実存主義の見方

実存主義の成立

自然主義が「人間の本性」である人間性を、変わることのない人間の自然本性として捉え、歴史主義がそれを解体して、人間性を歴史的に変化するものであると見るのに対し、さらに第三の見方として、およそ各個人の在り方をあらかじめ規定しているような人間性は、自然的にであれ、歴史的相対的にであれ、存在しないとする見方がある。われわれはこれを、「実存主義」の見方とよぶことにしよう。

実存主義の先駆者としては、一九世紀の中葉から後半にかけて、警世的な著作活動に専念したキルケゴール（一八一三―一八五五）やニーチェ（一八四四―一九〇〇）の名があげられるが、しかし思想界で「実存主義」とか「実存哲学」という言葉が用いられるようになったのは、ドイツでハイデッガー（一八八九―一九七六）の『存在と時間』（一九二七）や、ヤスパース（一八八三―一九六九）の『哲学』（一九三二）とか『実存哲学』（一九三八）が公刊されてからのことであり、これがさらに流行思想としてもてはやされるようになったのは、ハイデッガーの影響を受けたフランスのサルトル（一九〇五―一九八〇）が、『存在と無』(一九四三)や『実存主義はヒューマニズムである(邦訳での表題は『実存主義とは何か』)』(一九四六)を公刊してからである。つまりそれは、おおむね第二次大戦後のことと言えるであろう。

実存と本質

ところで「実存(英・仏 existence、独 Existenz)」という言葉は、哲学の伝統的な用法では、あるものが現実に存在することを指していて(「実存」という訳語は、「現実存在」を縮めて作られた)、そのものがそもそもなんであるかを示す「本質(英・仏 essence、独 Essenz, Wesen)」という術語と一対をなす術語として用いられてきた。たとえば、いま私の眼の前にある一冊の本は、それが本であるという本質をそなえたものとしてここに現実存在している、つまり実存していることになる。これを人間に当てはめると、一人一人の人間は、それが共通に人間であるという本質をそなえたものとして、つまりそうした普遍的な人間の本性すなわち人間性をそなえたものとして、各個に実存する、ということになろう。各個人の在り方は、その意味で、前もって人間に共通な人間本性によって規定されている。自然主義的な見方は、実はこうした視点から人間を捉えていたのであって、それは人間の各個の実存よりも人間の本質を重視する本質主義的な見方とも言えるであろう。

実存主義の人間理解

これに対して、サルトルは、人間にあっては「実存が本質に先立つ」と主張する。[6] たしかに本のようなものについては、あらかじめ本とはどのようなものであるかという本の本質を知っている本の製造者がいて、それが一冊一冊の本を作成し実存させたのであって、この場合は本質が実存に先立つと言える。しかし人間にあっては、このように人間の本質をあらかじめ定めているものは存在しない。人間はまずめいめいが実存しており、実存することを通じてめいめいが人間であることを、つまり人間の本質を、実現する。人間にあっては、実存が本質に先立つのである。

サルトルは、このことを言い換えて、人間は自由である、と語る。サルトルによると、「人間は自由であって、私が拠り所にしうるようないかなる人間の本性（仏 nature humaine）も存在しない」のであり、[7]「人間はなんの拠り所もなく、なんの助けもなく、刻々に人間を作り出すという刑罰に処せられている」のである。[8] サルトルの実存主義は、「人間の本性」を実存に先立たせる自然主義の見方と鋭く対立する。

このことは、サルトルに影響を与えたハイデッガーにおいても同様である。ハイデッガーは、『存在と時間』のなかで、人間を「現存在（独 Dasein）」という術語でよび、「この存在者「現存在」がなんであるか（本質）は、この存在者の存在（実存）から把握されなければならない」として、「現存在のいわゆる本質は、このものの実存のうちにある」と語る。(9)私という人間が現になんであるかは、私が実存するその実存の仕方のうちに見いだされる。ハイデッガーの表現はサルトルの表現と多少異なるが、しかし両者が言おうとしていることはほぼ同じと見てよいであろう。

サルトルに戻ると、サルトルは、人間が実存する際に拠り所とするような「人間の本性」は存在しないということから、自然主義が認める「普遍道徳」の存在をも否定する。「この世界に指標は存在しない」のである。(10)つまり人間の「人間らしさ」をあらかじめ指し示す道徳的な指標は存在しない。人間は各自が実存することによって自らの「人間らしさ」を追求し、それを自らにおいて実現していかなければならないのである。

現代の状況

さて、これまで自然主義と歴史主義と実存主義について、それらがそれぞれ「人間の本性」である人間性をどのように考えているかを眺めてきた。ところでいま、私という人間を取り上げてみると、私は、(1)まずは自然界に人類の一員として所属し、(2)次いで歴史的に規定された特定の社会のうちに位置し、(3)そのなかで私という個人として存在する。私は人間としてこの三つの契機をもつが、自然主義・歴史主義・実存主義は、人間をこの三つの契機のいずれかに限定して捉えているのであって、このことから三者の間に対立が生じ、人間性についての見解が三様に分かれるのである。

すでに触れたように、自然主義の見方は古代ギリシアに生じ、歴史主義の見方は一八世紀に生じ、実存主義の見方は二〇世紀に生じたが、現代ではこの三つの見方がいずれも有力で、鼎立する形をとっていて、このことが人間性についての統一的な見解をいっそう困難にしていると言える。人間性とはなにかについて諸見解があるばかりではなく、そうした人間性そのものの存否についてもこのように見解が相違する。今日「人間性」についてさまざまなことが（たとえば、人間性の尊重とか、豊かな人間性とか、人間性の回復とか）唱えられているが、しかしそれがなにを意味するのかは曖昧であり、ひとによって受け取り方が違うのも、こうした「人間性」にかんする見解の不一致によると見てよいであろう。そこで次章から、この三つの見方のそれぞれについていま少し立ち入って検討し、そこからどのような倫理が説かれることになるか、またそこにどのような問題点があるのかを見ていくことにしたい。

第3章

自然主義(1)――アリストテレスの倫理

1 アリストテレスの人間観

生物界の階層的秩序

この章では、自然主義的な人間性理解の一典型を示すものとして、アリストテレスの思想を取り上げよう。アリストテレスも、人間を理性的動物と規定するが、その際すでに前提とされていることは、人間が自然の生物界のうちに位置する一生物であり、生物界はそれぞれの生物がもつ「プシュケー（ギ psychē）」の機能に応じて、植物・動物・人間という順に、一つの階層的秩序をなしている、ということである。プシュケーというギリシア語は、一般に「魂」とか「霊魂」と訳されるが、アリストテレスの場合、それは生物が生きていくためにそなえている生命力もしくは生活機能とでもよぶべきものを指している。(1)

植物は、そうした生活機能として、栄養・生殖能力しかそなえていない。この能力をそなえていることは、生物が無生物ではなくて生物であることの最低条件とも言えるが、ところで動物はそのほかに、感覚したり欲求したりする能力をもち、さらに動物のうちのあるものは動きまわるという場所的運動能力をそなえている。動物はその点で、植物よりも高級な生物である。そして人間は、それらすべての能力に加えて、ほかの動物が所有していない理性能力をもつ[2]。アリストテレスは、神もまた理性能力をもつとしたが、ともあれ生物としての人間は、このようにして理性的動物であると規定され、生物界の頂点に位置するものとされるのである。

人間は善く生きることを求める

ところでアリストテレスによると、人間はまた次の点でも動物から区別される。それは、動物がたんに生きることを目的としているのに対して、人間は「善く生きること（ギ to eu zēn）」を目的としている、ということである[3]。ソクラテス（前四七〇／六九—三九九）は、人間にとってもっとも大切なことは善く生きることであるとして[4]、どのように生きればよいかを吟味しないで生きていくことは、人間にとって生きるに値しない生き方であると説いたが[5]、アリストテレスもこのソクラテスの精神を受け継いだと見てよいであろう。では、アリストテレスの場合、どのように生きることが人間の善い生き方とされるのであろうか。その答えは、人間が理性的動物であるという「人間の本性」の規定のうちに見いだされる。人間は理性をもつことによってほかの動物から区別されるのであるから、人間は人間に特有なこの理性の機能をよく働かせることによって、善く生きることができる。アリストテレスによると、あるキタラ奏者が「よいキタラ奏者」であると言えるのは、そのキタラ奏者が、キタラを弾く能力をよく発揮する、つまりキタラをよく弾く場合である。それとちょうど同じように、人間も人間に特有な理性能力をよく発揮して生きることにより、人間であるにふさわしい善い生き方を送ることができる。(6) 人間が理性能力を発揮しないで生きるとすれば、それはもはや人間らしい善い生き方とは言えないのである。

こうしてアリストテレスは、「人間の本性」に注目して、そこから「人間らしさ」を導き出した。人間は理性能力をもつという自然本性をそなえているから、それをよく発揮して理性的に生きることが、人間らしい善い生き方であり、「人間らしさ」にかなった生き方である。人間が理性を働かせないで、動物にもそなわる感覚や欲求に身を委ねて生きるとすれば、これは人間的ではなくて動物的な生き方であり、その限りで「非人間的」な生き方である。動物そのもののふるまいにかんしては、その倫理的善悪は問われないであろう。しかし人間が人間的にではなく動物的に、つまり「非人間的」にふるまえば、そのふるまいは倫理的に悪である。今日でも、人間は理性的であるべきであり、感情や欲求のおもむくままに生きてはならないとする倫理があるが、この倫理の源流をたどれば、こうしたアリストテレスの人間理解に行き当たるであろう。

アリストテレスは、人間の幸福を重視していて、そこからアリストテレスの倫理学は「幸福主義」の倫理学であるとされるが、しかしアリストテレスの考えでは、善く生きることと、幸福であることとは、実は同じである。(7) なにを幸福と見るかはひとによって異なるかもしれないが、しかし真の幸福は善く生きることのうちにあり、人間らしく善く生きる人間が幸福な人間である。幸福にはつねに快が伴うから、善く生きることに快を感じる人間が真に幸福な人間である、とも言えよう。アリストテレスの幸福主義は、幸福をただちに快と同一視し、どのような快であれ、快に充ちた生活を送れば幸福であるとする、快楽主義的な幸福主義からは区別されなければならない。理性をよく発揮して善く生きる人間だけが、幸福な人間なのである。

2　人間の徳

知性的徳と倫理的徳

しかしそれにしても、理性をよく発揮して生きるとは、具体的にはどのような生き方なのであろうか。われわれは理性をどのように働かせれば、それをよく働かせたことになるのであろうか。

アリストテレスは、理性をよく働かせることによって成り立つ人間の「徳（ギ　aretē）」として、「知性的徳（ギ　dianoētikē aretē）」と「倫理的徳（ギ　ēthikē aretē）」とをあげる。(8)知性的徳は、人間が理性をその観想的・理論的な働きの面で最高度に発揮する状態で、これは知恵を愛する哲学的な観想に没頭する「観想的生活（ギ　bios theōrētikos）」のうちに見いだされる。もっとも、アリストテレスによると、人間がこのような生活を送ることができるのは、神的ななにものかが人間のうちに存する限りのことで（すでに触れたように、アリストテレスは神も理性能力をもつと考えた）、したがってこの生活は、「人間的な生活」と言うよりも、それを超えた「神的な生活」である。(9)人間は観想的生活を通じて、いわば神の生活に与《あず》かるのであり、それによって神の至福にも似た幸福な生活を送るとされるのである。

倫理的徳と思慮

では、もう一方の倫理的徳は、どこに成り立つのであろうか。倫理的徳は、知性的徳とは違って、情念や欲求によって動かされる「人間的な生活」に、つまり人間の実生活において成り立つ徳であるが、それは一言で言えば、過多と過少との「中（ギ to meson）」において成立する。たとえば、勇気があることは人間の一つの倫理的徳であるが、勇気とは恐怖と平然さとにかんしての「中」である。過度に恐怖し、平然さにおいて不足している人は臆病とよばれ、逆に平然さにおいて過度で、恐怖心の過少な人は無謀とよばれる。勇気のある人は臆病でも無謀でもない、いわばその中間に位置する人である。同じように、節制という倫理的徳も、快を味わう点において「中」であって、それは過多に快を求める放埒と、快を感じる点で不足している無感覚との中間に位置する。人間の状態にかかわるほかのさまざまな倫理的徳にかんしても事情は同様であって、それらはいずれもなんらかの意味合いで、過多と過少の中間において成立するのである。(10)

このように倫理的徳は「中」において成立するが、この「中」を見いだすには、実践的な理性能力とも言える「思慮（ギ phronēsis）」によらなければならない。思慮は人間の善い生き方を求め、「中」に当たる倫理的徳を見いだし、それに的中するようにふるまいを規制するのであって、このような人間が「思慮ある人（ギ phronimos）」とよばれる。[11]したがって倫理的徳は、それが「中」に成り立つことを知るだけでは不十分で、それを身につけることによってはじめて徳となる。また、たまたまある機会に一回だけ勇気を示したからといって、その人間が勇気のある人とは言えない。勇気のある人とは、いついかなる場合にも勇気を示す人であり、そうなるには長年にわたる習慣づけが必要である。[12]倫理的徳にかんして、アリストテレスが子供の頃からの躾を重視しているのも、そのためである。

正義と親愛

倫理的徳は「中」にあるとするアリストテレスの考えは、「中」がある意味で「均等（ギ to ison）」でもある（実際、過多をむさぼる人は、均等を欠いた不均等・不公平な人である）ことから、[13]人間相互の間の「正義（ギ dikaiosynē）」や「親愛（ギ philia）」の解明にも適用される。正義とは一般には法にかなうことであり、倫理的徳はすべて正義であるとも言えるが、しかし徳のなかで特に正義とよばれるものとして、名誉や財貨を人々に正しく配分する際に成立する「配分的正義」と、侵害を受けた人間が侵害を加えた人間によって正しく補償される「匡正的正義《きょうせいてきせいぎ》」とがある。配分的正義にかんして言えば、配分を受ける人の価値に比例した形で配分することが正義にかなった均等な配分であって、これはいわば幾何学的比例に即した配分である。これに対して、匡正的正義にあっては、侵害された分に見合った分が補償されればよく、この場合の均等は、いわば算術的比例に即した均等なのである。(14)

人間相互の間の親愛についても、(15)アリストテレスは均等ということを重視する。たとえば、アリストテレスの考えでは、親は子よりも優越しているから、両者の相手に対する親愛は同じではない。そこで要求される親愛は、優越さに比例した親愛であり、「相手方よりもすぐれた人は、自分が相手方を愛する以上に相手方によって愛されるのが当然」であって、「人がその価値に応じて愛されるとき、そこにある意味において均等性が成立する」のである。(16)また親愛には、互いに相手が自分にとって有用であることから生じる親愛(これは老人に多い)や、互いに相手が自分に快を与えることから生じる親愛(これは若者に多い)があるが、これらはいずれも相互に等しいものを与えあう均等性の上に成立していて、均等性が失われれば親愛も解消する。これに対して、徳においてすぐれた善き人相互の間に成り立つ親愛こそが究極の親愛である。アリストテレスによると、「第一義的な、すぐれた意味における愛は、善き人々の、善き人々たる限りにおいてのそれであり、それ以外の愛は類似的になぞらえた意味での愛にすぎない」のであって、[17]「これら善き人々の愛は、かれらが善き人々である限り、永続する」のである。[18]

3 問題点の検討

人間の自然本性と倫理

アリストテレスは、自然主義の立場から、人間すべてに共通にそなわる人間の自然本性の存在を認め、そこから人間の「人間らしさ」を導き出そうとした。人間は誰でも自然本性的に理性能力をもつから、この能力をよく発揮すれば、それによって「人間らしさ」を実現できる。「人間の本性」と「人間らしさ」とは、理性能力というものを介して互いに結びついているとされるのである。

だが知性的徳の場合は別として、倫理的徳にかんしては、「中」ということが重視された。「人間の生活」における「人間らしさ」は、「中」に成り立つ倫理的徳を身につけることにある。しかしそうだとすると、人間の「人間らしさ」は、実は人間の自然本性とはまた別の次元において成立するのではなかろうか。なるほど人間は、実践的な理性能力である思慮をよく働かせることで「中」に的中するとされているが、しかし人間の「人間らしさ」が「中」にあるという考えそのものは、人間が他の動物とは違って自然本性的に理性を所有するという考えから直接引き出されたものとは言えないであろう。「中」はそれとしてすでに「人間らしさ」が成立する次元として考えられているのであり、思慮を「よく」働かせたかどうかも、それがこの「中」に的中するかどうかによって決まるのである。

アリストテレス自身も、人間の自然本性と徳との関係について、微妙な発言をしている。すでに触れたように、人間の倫理的徳は習慣づけによって身につくようになるが、アリストテレスによると、このことは倫理的徳が自然本性によっておのずから人間に生まれそなわるものではないことを物語っている。自然の事物はおよそ習慣づけられることはなく、自然本性によって落下するように定められている石は、一万回投げあげても上昇するように習慣づけられることはない。つまり倫理的徳は、人間の自然本性に、自然によって前もって植えつけられているのではないが、しかしまたアリストテレスによると、そうであるからと言って、倫理的徳は人間の自然本性に背いて生じるのでもない。人間は、自然本性によって倫理的徳を受け入れるようにできているのであり、習慣づけによってそれを受け入れることができるのである。(19) 言い換えれば、人間は倫理的徳を身につける素地をそなえているが、しかしすべての人間がそれを受け入れるわけではない。これは同じ人間の自然本性をそなえていても、悪徳に陥る人間もいるということで、人間の自然本性と「人間らしさ」との間には、こうした亀裂が見いだされるのである。

ポリスに生きる倫理

アリストテレスは、人間の自然本性に注目して人間を理性的動物と規定したが、しかしいま一方で、人間を「ポリス的動物（ギ zōon politikon）」とも規定した。[20] 古典ギリシアの人々は、今日の国家と較べるとはるかに小規模なポリス（これは「都市国家」とも訳される）とよばれる共同体を各地に形成して生活していたのであり、それだけに人々の生活はポリスでの共同生活と緊密に結びついていた。不当に死刑の判決を受けたソクラテスが、ポリスの住民である以上はポリスの法にしたがわなければならないとして、クリトンが勧めた脱獄を斥けた話は有名であるし、[21] またプラトンが、彼の代表的な対話篇『ポリーテイアー（ギ Politeia、『国家』と訳される）』のなかで、ポリスの理想的な形態に合わせて、一般に「四元徳」とよばれている人間の基本的な四つの徳（知恵・勇気・節制・正義）を定めたのも、[22] ポリスとその住民の生活とがいかに密接な関係にあったかを物語るものであろう。

アリストテレスも、これらの先達と同じように、ポリスにおける人間の生活と倫理とを重視した。アリストテレスによると、ポリスは人間が生きるために生じたが、しかしそれはすでに人間が「善く生きる」ために存在するのであるし、[23] また全体が部分に先立つように、ポリスは家族や個人に先立っている[24]。人間の善い生き方は、人間がポリス的人間として善く生きることにある。人間の「人間らしさ」を探究するアリストテレスの倫理学は、実は「ポリスの学」である「ポリーティケー（ギ politikē、「政治学」と訳されている）」の一環をなすものとして構想されたのである。倫理的徳が「中」に成り立つとされたのも、「中」に従うことが、ポリスという共同体に生きる個人にとって最適であり、さらには自らが属するポリスの維持と繁栄にとっても最適であると考えられたからであろう。ちなみに、「中」はまたアリストテレスによって、ポリスそのもののよしあしを判別する際の基準ともされているのである[25]。

自足と協和

アリストテレスは、『ニコマコス倫理学』のなかで、人間の「自足（ギ autarkeia）」ということも究極的な善に数えているが、しかしそれは、単独の個人にとっての自足ではなく、ポリスの全員をも考慮にいれた上での自足である、と語っている[26]。「ポリス的な正しさ」ということも、「自足ということの成立のために、生活の共同関係のうちに立っている人々の間における正しさ」であって[27]、この観点から見ると、「正しい行為」とは、「ポリスという共同体にとっての幸福またはその諸条件を創出し守護すべき行為」なのである[28]。

アリストテレスが「親愛」を重視したのも、一つには親愛が「ポリス内を結ぶ紐帯の役割を果たす」からであって[29]、ポリスの立法者はポリスの「協和（ギ homonoia）」をつねに希求するが、協和とは親愛の一種であり、ポリスの住民の間に成り立つ「ポリス的親愛（ギ politikē philia）」なのである[30]。アリストテレスは、「親愛」をつねに「共に生きる（syzēn）」人々の間に成り立つものとして扱っているのであり、その最大範囲はポリスである。アリストテレスは、親愛を人類愛にまで拡張することはなかったが、このことはアリストテレスの倫理がポリス的人間の倫理であり、またその範囲にとどまったことを示していると言えるであろう。

第4章　自然主義(2)――エピクロスとストア派の倫理

I　ヘレニズム時代の倫理

ヘレニズム時代

ギリシア古典時代末期に、ギリシア北方のマケドニアの王フィリッポス二世（在位前三五九―三三六）はギリシアのポリスの同盟軍を破り、事実上ギリシアを自らの支配下に置いたが、その息子のアレクサンドロス大王（在位前三三六―三二三）は、さらにペルシアやエジプトを下し、遠くインダス河西岸にまで軍を進め、広大な地を征服して一大帝国を築いた。アレクサンドロス大王は、王子のときにアリストテレスを家庭教師としてギリシア思想に親しみ、それを優れたものと認めていたので、征服した各地にギリシア文化を植え付けるのに熱心であった。こうしてギリシア文化は、それまでのギリシア文化圏を超え出て東方世界に拡大されたが、この時代が西洋の歴史の上でヘレニズム時代とよばれる時代である。

コスモポリテース

ソクラテスも参加したペロポネソス戦争（前四三一―四〇四）の頃から、すでにギリシアのポリスは衰退に向かっていたが、ヘレニズム時代に入ってポリスは人々を結束させる機能を失い、急速に没落への道を歩んだ。ポリスを生活の中心とし、ポリスの共同体の倫理に従っていた人々も、自分の生活の中心を失い、どのように生きるのが人間らしい善い生き方かを改めて考え直す必要に迫られたのである。アレクサンドロス大王と同時代のシノペのディオゲネスは、ひとからどこのポリスの人間かと訊ねられたとき、自分はコスモスをポリスとする人間、すなわち「コスモポリテース（ギ kosmopolitēs）」であると答えたと伝えられているが、(1) ギリシア語の「コスモス（kosmos）」は、「世界」とか「宇宙」とか「自然秩序」を示す幅広い言葉である。コスモポリテースは、英語の「コスモポリタン（cosmopolitan）」の語源であり、コスモポリタンは、今日では一般に「世界市民」と訳されているが、ギリシア語のコスモポリテースという言葉には、さらに自然全体をポリスとして生きる人間という意味が込められていたと見てよいであろう。ところでこのヘレニズム時代に、ポリス的倫理に代わって登場したのが、エピクロス（前三四二／四一―二七一／七〇）の倫理と、ストア派の倫理である。

エピキュリアンとストイック

エピクロスやストア派の名が今日でもよく知られているのは、エピキュリアン（英 epicurean）とかストイック（英 stoic）といった言葉が、今でも日常ひろく用いられていることによるのであろう。エピキュリアンという言葉は、短い人生をできるだけ享楽的に生きようとする享楽主義者を指す場合に用いられ、逆にあの人はストイックだと言えば、それは一切の享楽を悪徳と見なし、享楽を排して禁欲的に生きるのを善しとする人を指している。つまり人生に処する態度において、両者はまったく正反対とされているのである。だがこの二つのタイプの人間は、いつの時代にも見いだされるのであって、エピキュリアンとかストイックという言葉が死語とならずに今日まで用いられてきたのも、そのためであろう。現代の日本でも、エピキュリアン的傾向の人間が増えつつあるように見えるが、しかしそれに批判的で、ストイックな生き方を善しとする人も、決して少なくはないはずである。

2　エピクロス

快と幸福

　では、エピクロスそのひとは、今日エピキュリアンとよばれる享楽主義者であったのだろうか。出所は不明だが、エピクロスの言葉として、「一切の善の初めであり根であるのは、胃袋の快であって、知的な善も趣味的な善も、これに帰せられる」というのがあり、[2] またティモクラテスというエピクロスの弟子が書いた書物のなかに、「エピクロスは美食のために一日に二度嘔吐していた」という記事があったと伝えられている。[3] つまり当時の人々の間でも、エピクロスを享楽主義者と見ていた人がいたことになるが、しかし今日残されている資料全体から推測すると、エピクロス自身がそうした享楽を旨とする享楽主義者であったとは考えられない。

　なるほどエピクロスは、「快（ギ hēdonē）」が生において重要な意義を持つことを認めている。エピクロスによると、「快」は「幸福な生の初源であり目的である」が、と言うのも、「われわれは快を第一の生まれながらの善と認めるのであり、快を出発点として、われわれはすべての選択と忌避をはじめ、またこの感情を規準としてすべての善を判断することによって、快へと立ち帰る」からである。(4) 快苦の感情は、すべての生物に生じるが、快は「生物の本性」にとって親近的であり、苦は親近的ではなく、うとましい。そしてこれによって、人間がなにを選択したり忌避したりするかが決定されるのである。(5) ちなみに、エピクロスでは、「倫理学」とは、「選択されまた忌避される事柄を、つまり生活とその目的を、取り扱うもの」とされている。(6) こうしたエピクロスの考えは、後に見る功利主義が、人間には快を求め苦を避ける自然本性があるとして、これを功利主義の原理としたが、この功利主義の原理を先取りしたものと言えよう。エピクロスによると、美とか徳も、それらが快を与えるなら尊重すべきであり、快を与えないなら顧みる必要はないのであって、(7) この点においてもエピクロスの「快楽主義（英 hedonism）」の立場は、一貫しているのである。

身体の無苦と心の平静さ

では、エピクロス自身は、なにに最上の快を見いだすのであろうか。それは、身体的な苦痛がないことと、心が平静であること（ギ ataraxia）であって、(8) エピクロスはこのことに見いだされる快を、「静止した快」とか、(9)「永続する快」とよんでいる。(10) つまりエピクロスは、どんな快であれ、それを享受するのがよいとする、今日エピキュリアンとよばれる享楽主義者ではない。もしある快を味わうことで、後に身体に苦痛が生じたり、心の平静さが乱されたりするならば、その快は味わうべきではないし、逆に一時的な不快や苦痛を伴うにしても、それが身体の無苦と心の平静さを結果するならば、それを引き受けるべきである。(11)エピクロスもアリストテレスと同じように、「思慮」や「自足」を重視しているが、(12)それはこうした快の選択に際しては思慮の働きが必要であり、また身体の無苦や心の平静さは、つつましい自足した生活のうちにのみ見いだされると考えたからであろう。「隠れて生きよ（ギ lathe biōsas）」というエピクロスの有名な警句があるが、(13)これも煩わしい世間との交渉によって心を乱されることを避けるためである。心の平静さは、決して無理をしない、自然に従った簡素な生活のうちで達成されるのであり、これがエピクロスが勧めた人間らしい善い生き方であった。

自己幸福の倫理

ところでこのように見てくると、エピクロスの場合にも、人間の「自然本性」としての人間性と、「人間らしさ」としての人間性との間には、ギャップがあることが知られよう。人間の自然本性は、つねに快を求めることにあるとされるが、しかし人間らしい生き方とは、あらゆる快を追求する生き方ではなく、身体の無苦と心の平静さに最上の快を認める生き方なのである。ところでエピクロスが求めた自足は、自分個人の自足であって、そこにはもはやポリスの影は見いだせない。ポリスが崩壊し、広大なコスモポリスに投げ出されてみると、頼りになるのは自分自身だけで、人間が幸福であるかどうかは、もっぱら自分の在り方にかかってくる。エピクロスの倫理は、コスモポリテースの倫理とは言っても、もっぱら自分自身の幸福を求める個人主義の倫理であり、自己幸福の倫理である、と言えるであろう。

3　ストア派

ストア派という名称は、この派の開祖とされるキティオンのゼノン（前三三五頃―二六三頃）が、アテナイの市中にあった柱廊（ギ stoa）で人々に哲学の話をしたことに由来するが、以後ストアの思想は永く命脈を保ち、ローマにも引き継がれて、セネカ（前四頃―後六五）や、エピクテートス（五五頃―一三五頃）や、マルクス・アウレリウス（一二一―一八〇）を生んだ。セネカはローマ皇帝ネロに仕え、最後にはネロによって死を命じられた人であり、エピクテートスは、はじめは奴隷で後に解放され、その『語録』が伝えられており、マルクス・アウレリウスは、ローマの五賢帝の一人に数えられる皇帝で、異民族との戦いのなかで『自省録』を書き残した人である。このように身分的にそれぞれ異なった人々が同じストアの倫理を信奉したのも、ストアの倫理が社会的身分などに左右されないコスモポリテースの倫理であったことを物語るものであろう。

自然と整合的に生きる

先に述べたように、今日では、ストイックとは一切の享楽に背を向けて禁欲的に生きる人を指しているが、しかしこれだけではストアの思想を正確に伝えるものとは言えない。ストア派の開祖ゼノンが、人々に人間らしい善い生き方として勧めたのは、まずは自然に従って生きることであり、「自然と整合的に生きること（ギ to homologoumenōs tēi physei zēn）」であった[14]。ところで動物は衝動によって生き、それによって自然に従っているが、人間には衝動を統御する理性が自然本性的にそなわっている。したがって人間の場合、自然に従って生きるとは、「理性に即して生きること（ギ to kata logon zēn）」である。理性が示す理法（ロゴス）は、人間の在り方をも含めて、自然を全体として支配している理法であるから、この理法に従って生きることが、自然と整合的に生きることにほかならない[15]。そしてストア派が人間の「徳」とよぶのは、人間の魂がこのように自然の理法と整合している状態である[16]。子供たちは自分のうちに「自然本性の第一の要素」として「徳の種子」

をそなえているが、それが成長し完成することによって、人間は理法に整合した有徳な人間に、つまり人間らしさを身につけた人間になる。[17] ストア派の場合、「自然に従って生きよ」とは「理性に従って生きよ」ということであり、それはまた「徳に従って生きよ」ということで、これらはすべて同じ一つのことを指しているのである。

善悪無記と無情念

ストア派が人間の「徳」に数えているのは、思慮・勇気・節制・正義などであって、[18] この点ではプラトンやアリストテレスの場合と変わらない。これらは「善きもの」であり、これらに対立する無思慮・卑怯・放埒・不正などは「悪しきもの」である。[19] ところでストア派は、このほかに善でも悪でもないもの、つまり「善悪無記なもの（ギ adiaphora）」の存在を認め、生と死・名声と不評・苦と快・富と貧困・病気と健康などを、善悪無記なものとした。[20] つまりストア派にとっては、徳において優れていることが唯一にして最高の善であり、徳は「幸福になるためにそれだけで十分自足しているもの」である。[21] 伝えによると、ゼノンは、「幸福な生に含まれるものすべてを、徳というただ一つのもののなかに置いた人」であった。[22] 有徳で幸福であるためには、富者であろうと貧者であろうと、世間から名声を得ようと不評であろうと、まったく関係はない。いやそれどころか、病気であろうと健康であろうと、苦痛に見舞われようと快を味わおうと、さらには生死すらも問題にはならない。「賢者」を目指してひたすら有徳に生きることがすべてなのである。

したがってストア派にとっては、自殺することも善悪無記であって、自殺が西洋で罪であり悪であるとされるのは、キリスト教の倫理が成立してからである。賢者は、納得のいく理由があれば進んでこの世を去るのであって、祖国や友人のために命を捨てることと、不治の病や耐えがたい苦痛に苛まれることから逃れるために自殺することとの間には、格別の違いはない。(23)「この世にとどまることも、生を立ち去ることも、一概に、前者は善くて後者は悪いとする尺度で測ってはならない」のである。(24)今日、尊厳死や安楽死を認めるかどうかについて論議がなされているが、ストアの人々ならばそれらを認める方向に向かうであろう。

人間の「情念（ギ pathos）」にかんして言うと、ストア派は、「情念」とは「過度に高まり、事の理非を明かす理性に耳をかさない衝動」であり、「魂の、自然に反した非理性的運動」であると考えていた。(25)快や苦、恐怖や欲望は、いずれも情念の一種であるが、こうした情念が非理性的として告発されるのは、それらが自然に即した理法（ロゴス）に反して生じるからであり、情念に囚われた人間は、理性に従わずに情念に引きずられ、その支配に屈してしまうからである。ストア派が、情念に囚われない「無情念（ギ apatheia)」を唱え、有徳な賢者は無情念であるとか、徳は無情念のうちにあるとしたのも[26]、そのためであった。この場合の無情念は、かたくなで冷酷な人間に見られる無情念とは違って、理性に反して快や苦といった善悪無記なものに囚われることのない、心の平静な状態を指している。だが人間にとって、情念をまったく断つことは不可能であろう。そこでストア派は、理性の統御の下にある限りでの情念を、「善き情念（ギ eupatheia）」として認めた。たとえば、「喜び」とか「用心深さ」とか「願望」とかがそうであって、「喜び」とは、たんなる快ではなくて「理法（ロゴス）にかなった魂の高揚」であり、「用心深さ」とは、たんなる恐怖ではなくて「理法（ロゴス）にかなった忌避」であり、「願望」とは、たんなる欲望ではなくて「理法（ロゴス）にかなった欲求」なのである[27]。

自然法

すでに述べたように、ストア派にとって、自然に従って生きることと、理性に従って生きることとは、同じ一つのことを指していた。人間をも含めた自然全体のうちには、それを貫く不変の理法（ロゴス）があり、人間は自らの理性によってこの理法を知り、それに従うことが善しとされたのである。そしてこの考えは、狭い意味での道徳の領域にだけではなく、法（法律）の領域にも適用された。それぞれの国で決められているいわゆる実定法は、国によって異なるが、それは実定法が自然によってではなく、人間の取り決めによって設定されたもの（ギ thesis）だからである。だが実定法のなかには、善い法もあれば悪い法もある。では、ある実定法が善いか悪いかは、なにによって判定されるのであろうか。それはストア派の考えによれば、その実定法が、自然において定められている正しい理法に適合しているかいないかによって判定される。法が自然においてであり、人の取り決めによるのではないとか(28)、真実の法は、自然と一致してあまねく妥当し、不変にして永遠の正しい理法であるとされるのは(29)、そのためである。

法が人間のたんなる取り決めなのか、それとも人間本性の自然に根ざしたものかという議論は、ストア派以前のギリシアにおいてもすでになされていたが、国が異なろうと真実の法はただ一つであり、それは自然によって定められた自然法であるという考えは、ストア派においてはじめて定着したと見てよいであろう。そしてこのことは、ヘレニズム時代に入ってポリスが崩壊し、人々がコスモポリテースになったことと、無関係ではない。人間は理性をもつ限りすべて同一で、コスモポリスとしての自然のうちに住まう住民であり、自然が定めている自然法に従わなければならない。この「自然法（ラ jus naturale）」という考えは、ローマ時代の法典編集に際して重要な役割をはたし、また近世に到るその後の西洋の歴史において、つねに哲学者や法学者の念頭に置かれていた。すでに触れたように、この自然法という考えは、近世末に生じた歴史主義によって批判されたが、しかし現代でもこの自然法思想を支持する学者は少なくないのである。

第5章

主我主義と主他主義

1　主我主義

エゴイズムの多義性

エピクロスもストア派も、個人を中心に据えて倫理を考えた。そこにはアリストテレスに見られるような、個人を超えたポリスという人間共同体に対する配慮は働いていない。エピクロスやストア派がもっぱら問題にしたのは、個人である自己がいかにして幸福や自足の境地に達することができるかということであって、その限りでこうした倫理は、個人主義もしくは自己主義の倫理と見ることができよう。ところで、幸福や自足を求める自己は、ほかならぬこの私の自己である。とすれば、自己主義の倫理はまた、「私（ラ　ego）」を中心とする「エゴイズム（英　egoism）」の倫理ということになるが、しかし「エゴイズム」にはいくつかの意味があるので、まずそれらを区別して考える必要があろう。

エゴイズムとは、私すなわち「我」を「主」とする「主我主義」であって、これからもこの訳語を用いるが、しかし倫理学では、「利己主義」という訳語を当てることが多い。そこでいま、国語の辞典（『広辞苑』）で「利己主義」の項を引くと、egoism とあって、それはまず第一に、「主我主義」や「自己主義」と同義で、「自己の利害だけを行為の規準とし、社会一般の利害を念頭に置かない考え方」を指し、第二に、「人間の利己心から出発して道徳の原理や観念を説明しようとする倫理学の立場」を指し、第三に、「他人の迷惑を顧みず、わがまま勝手に行動すること」を指す、とされている。

エピクロスやストア派は、この第二、第三の意味でのエゴイズムとは言えない。しかしもっぱらに自己の幸福や自足を求め、「社会一般の利害を念頭に置かない」点では、第一の意味でのエゴイズムに該当すると見てよいであろう。だが世間では、一般にエゴイズムを第三の意味で理解し、倫理的にむしろ非難すべき立場と見なしている。では、自己の幸福や自足を求めるエゴイズムにこの第三の意味が付け加わり、倫理的に悪とされるようになるのは、なぜであろうか。それについて、ここではショーペンハウアー（一七八八―一八六〇）の考えを取り上げることにしよう。

ショーペンハウアーのエゴイズム批判

ショーペンハウアーは、「エゴイズム（独 Egoismus）」は自己の存在と安寧を求める衝動で、これは人間に（動物にも）そなわる「根本的衝動」であると考える。[(1)] 人間は、「自らの存在を無制限に維持しよう」とし、「自らの存在を苦痛から無制限に解放しよう」と努力し、「できるだけ多くの幸福や安寧」を確保しようとする。[(2)] その際その人間の行為の方針となるのは、「すべてのものは私のためにあり、なにものも他人のためには存在しない」ということで、[(3)] これが高まると、「誰をも助けず、むしろ事情が許すならば、万人を害せよ」という方針になる。[(4)] これは最初から「万人を害せよ」とする悪魔的な「悪意（独 Bosheit）」[(5)] とは異なるが、しかし「エゴイズム」はこうした「悪意」とともに、さまざまな悪徳の源泉となる。[(6)] つまり「エゴイズム」は「反道徳的な衝動」であって、[(7)]「道徳的衝動が戦わなければならない、唯一ではないにしても、第一の、そしてもっとも主要な勢力」なのである。[(8)]

悪としてのエゴイズム

このショーペンハウアーの説を土台にして考えると、次のように言えるであろう。主我主義者（エゴイスト）は、もっぱら自己の幸福や自足の達成を目指すが、しかしこのことがそれ自体としてただちに悪とされるのではない。問題なのは、そのために他者を無視してわがまま勝手にふるまい、場合によっては他者に侵害を加えることもあるということである。もちろんエピクロスやストア派の人々は、そうした他者への侵害を認めていたわけではない。しかし彼らと違って、自己の幸福を物質的な欲望の満足に求める主我主義者ならば、多くの場合、このような傾向に陥りやすいであろう。「自分の長靴に塗る脂肪が欲しいというだけで他人を殴り殺すような人間もいる」(9)というのは、ショーペンハウアーの誇張した表現であるが、人間がすべて物質的な欲望の満足を目指す主我主義者であるとすれば、ホッブズ(一五八八—一六七九)が社会契約以前の自然状態にある人間に認めたような、「万人の万人に対する戦い」も生じかねないであろう。

そこまで行かなくても、主我主義者にとっては、他者は自己の利益追求のための手段にすぎない。他者を自己とは異なった自立的な人格として認め、それを愛し尊敬するという姿勢は、ここには見いだせない。エピクロスやストア派の倫理にも、後のキリスト教倫理に登場するような、たとえ敵でも他者を積極的に愛すべしという掟は見当たらない。エピクロスは友情を重んじたが、しかしそれは親しい友人の間での友情であって、それも結局は自己の「心の平静さ」を保つためにであり、つまりはエゴイズムのためにであった、とも考えられる。また礼儀作法が重んじられるところでは、エゴイズムを剝き出しにする人は少ないであろう。しかしショーペンハウアーに言わせると、「礼儀作法」は「日常的交際の些事におけるエゴイズムの休止」であり、エゴイストの「仮装」である。礼儀作法が人々に要求され、また人々によって称賛されるのは、それが「エゴイズムを覆い隠してくれる」からなのである。(10)

2　主他主義

ショーペンハウアーの主他主義

では、ショーペンハウアーは、人間のどのような行為が人間らしい行為であり、道徳的に価値のある行為であると考えるのであろうか。先に見たように、エゴイズムは悪の源泉の一つであり、「エゴイズムと行為の道徳的価値とは、互いにまったく排除しあう」(11)のであるから、そこで「一切の主我的動機のないことが、道徳的価値をもつ行為の規準である」(12)と考えられることになる。主我的な動機を唯一の動機とする行為は反道徳的で、まったく道徳的価値はないし、行為に主我的動機が多少でも混入すると、それだけ行為の道徳的価値は減少する。とすれば、主我的な動機をまったく含まない行為こそが、優れて道徳的に価値のある行為ということになろう。そしてそれは、行為の（あるいは行為を取りやめることの）目的が、「行為者自身の快・不快」にあるのではなく、「その行為に受け身に関与するだれか他者の快・不快」にあるような行為であり[13]、「他者の快・不快が直接にその行為の動機である」ような行為である[14]。ショーペンハウアーが説く倫理は、このように「私」よりも「他の私（ラ alter ego）」を重視する「主他主義（英 altruism）」の倫理である、と言えよう。なお倫理学では、主我主義が「利己主義」とよばれるように、主他主義は「利他主義」とよばれることが多い。

同情と公正・人間愛

ところでショーペンハウアーは、こうした人間の主他的行為が生じる源を、他者に対する「同情（独 Mitleid）」のうちに置いた。つまり「行為は、同情から発現する限りにおいてのみ道徳的価値をもつ[15]」が、その際に同情がエゴイズムや悪意を抑制して、なにびとをも侵害しないようになると、そこに「公正（独 Gerechtigkeit）」の徳が生じ、同情がさらにすすんで積極的に他者の援助に向かうようになると、そこに「人間愛（独 Menschenliebe）」の徳が生まれる。公正と人間愛は、いずれも同情にその根をもつ人間の二つの基本的な徳であって、ほかのさまざまな徳は、すべてこの二つの徳に基づくものとして説明されることができるのである[16]。

公正と人間愛の源となる「同情」は、ショーペンハウアーによると、「人間の意識に本質的に固有なもの」であり、「人間の本性」に属している。[17] したがって同情は、いついかなる時代にも、またいかなる国にあっても、見いだされる。ドイツ語で「人間性（独 Menschlichkeit）」という言葉がしばしば「同情」の同義語として用いられ、また同情心が欠けているように見える人物が「ひとでなし（独 Unmensch）」とよばれるのも、同情が人間の本性に由来することを物語っている。[18] 公正と人間愛にかんして言えば、ギリシア古代の哲学者も、またユダヤ教徒も、すでに公正（正義）を主要な徳として認めていた。だが人間愛を「あらゆる徳のなかの最大の徳」とし、それを自分の敵にまで拡げたのは、キリスト教が最初であった。[19] と言っても、ショーペンハウアーによると、これはヨーロッパ世界でのことで、東洋ではすでに古くから『ヴェーダ』やブッダの教えを通じて、「無限の隣人愛」が説き勧められていたのである。[20]

形而上学的背景

主我を悪とし、主他を善とするショーペンハウアーの倫理の背後には、かれ独自の形而上学的な世界観が控えている。それは一言で言えば、万有は一にして同一の本性のあらわれであり、個体やその諸差別はこの同一の本性の表象にすぎない、という考えである。エゴイズムは、実は一表象にすぎない個的な自我を唯一の実在と見て、他者をも含めた世界の一切を非我とし、これを自我から峻別するが、同情においては、個としての自他の差別の意識が薄れ、自我は自我自身の本性を他者のうちにも見いだすようになる。悪人が自他の間に強い隔壁を感じ、他者を敵視するのは、世界が悪人の自我にとって絶対に相容れない非我となるからである。これに反して善人は、自我と本性を同じくする世界のうちに生き、他者を非我としてではなく、「いま一つの自我」と見る。(21) 応報をなんら期待しないで他者の苦悩に同情し、すすんでそれを取り除こうとするのは、自我に現前している他者が、じつは自我と本性を一にしている「いま一つの自我」にほかならないからである。悪人は自我の死とともに全世界も滅びると見ているが、すべての他者のうちに自我と同じ本性を見る善人は、たとえ自分の肉体が滅びても、他者のうちで生き続けることになろう。(22)「同情」とはこのように、「一つの個体が他の個体のうちに直接に自己自身を、自己の真の本性を再認する」ことであって、この自他無差別の観が「倫理学の形而上学的基盤」なのである。(23) ヨーロッパでは、キリスト教の立場から同情や人間愛が説かれる場合が多いが、ショーペンハウアーは古代インド思想に親しんでいた人であり、ここには我執を捨て、個我を滅却することによって解脱にいたるという、東洋的な考えが反映していると見てよいであろう。ショーペンハウアーが「同情」の対象を動物にまで拡げ、「生きとし生けるものへの無際限な同情」を説くのも、こうした東洋的な思想背景によるのである。[24]

3 主我と主他

主我主義理論

エゴイストとしての主我主義者は、他者を無視したり、他者を自分の幸福のための手段として利用したり、さらには他者の権利や幸福を侵害したりする。これは行為もしくは実践の面での主我主義であり、倫理的に悪として非難されるが、これとは別に、理論の上で主我を認め、主我を基盤として人間の心理や行為を解明しようとする立場がある。先にあげた辞典で、「利己主義」の第二の意味として、「人間の利己心から出発して道徳の原理や観念を説明しようとする倫理学の立場」というのがあったが、これがそれに当たる。倫理学でこの主我主義理論を採用する人は、人間はすべて自然本性的に主我的であるとして、ショーペンハウアーの言う主他的行為をも含め、人間のすべての行為を主我によって説明しようとする。ここでは主我と主他に問題を限定して、この主我主義理論が、一般に主他的行為とよばれているものをどのように扱っているかを見ることにしよう。

リップス（一八五一―一九一四）によると、主我主義理論は、次のように主張する。いま私が眼の前で溺れかかっている子供を見たときに、私が取る態度は、私が身の安全を考えてその子供を救わないで立ち去るか、それとも身の安全を顧みずに川に飛び込んで子供を救おうとするか、そのどちらかである。前者の行為はもちろん主我的であるが、主他的とされる後者の行為も実は主我的である。と言うのも、その際私は、子供を救うことで味わう自分の満足感を目的として行為しているからである。[25]またユーイングが、著書『倫理学』（一九五三）のなかであげている例によると、主我主義理論によれば、愛情深い母親が求めているのは、実は自分の子供の幸福ではなく、子供が幸福だと信じることからくる母親自身の幸福である。[26]つまり主我主義理論によると、一見主他的と見える行為も、実は主我的な行為なのである。

これとは別に、これもリップスが述べている例であるが、主我主義理論によると、主他的な行為は実はそれを行う人間の利益になるのであり、そこで人は、自らの主我的関心に基づいて主他的に行為する。だがこの傾向が習慣化すると、人は主我的関心の満足を求めていない場合でも、主他的に行為するようになるのである。[27]ニーチェも、『道徳の系譜』（一八八七）のなかで、イギリスの一倫理学者の説を紹介しているが、その説によると、非利己的な主他的行為は、もともとそれによって利益を受けた人が「善い」と称賛した行為であったが、しかし後にそうした行為がただ習慣的に「善い」とよばれ、あたかもそれ自体が善い行為であるかのように見なされることになったのである。[28] この二つの例で示されているように、主我主義理論によれば、主他的行為がなされたり、それが道徳的に善いと称賛されるのも、その起源をたどっていけば、結局は主我に帰着するのである。

主我主義理論の批判

だが、主他的行為も主我に基づくとする主我主義理論は、はたして正しいのであろうか。そこで次に、この理論に対する反論に注目することにしよう。

リップスは、主我的行為と主他的行為は、はっきり区別できると考える。なるほど人間の意志が、ある目的を意識的に追求する際には、その目的を達成することが当人にとって満足であるということがいつも伴っている。その限りで、行為はつねに行為する者の満足を目指していると言えるが、しかしこれは人間の意志作用にそなわる心理的構造であり、いわば「心理学的事実」であって、決して「道徳的原理」ではない。倫理学にとって問題なのは、行為に伴う心理学的事実ではなくて、そもそも「なにがわれわれの満足の対象であるべきか」[29] ということであり、「なににわれわれの意欲は向けられるべきか」ということなのである。

私が溺れかかっている子供を救うか救わないかという先の例をとると、リップスによれば、この二つの場合、私が求めている満足は異なっている。子供を救わない場合に私が求めている満足は、「ただたんに私の満足にすぎない」が、子供を救う場合には、「私の満足は他者の満足、喜び、快、幸福と結合している」のであって、このことにより主我的行為と主他的行為は明瞭に区別される。つまり前者のように、意欲が目的とする満足が「直接に私の満足にすぎない」場合は、私の意欲は主我的であり、後者のように、それが「他者の満足に対する満足」であり、「他者の幸福に与《あず》かること」である場合は、私の意欲は主他的である。(30)主他主義が倫理的に善い行為として人々に勧めているのは、後者の行為なのである。(31)

では、もともと主我に基づいて行っていた主他的行為が、習慣によって、自己の利益にならない場合もなされるようになるという主我主義理論の説明については、どうであろうか。リップスは、「習慣」にそのような力はない、と断定する。習慣はそうじて関心を鈍くさせるのであり、それとは逆に、どうでもよいようなことが、習慣によって、本人にとって価値のあるものになることはない。たとえば、音楽にまったく関心のない人間が、会場で友人達と話をすることだけが楽しみにしばしば音楽会に通ったとしても、そうした習慣によって、音楽を心から愛好する人間になるわけではない。(32)主他的行為の発現を主我的な人間の習慣によって説明することも、誤りなのである。リップスも、ショーペンハウアーと同じように、主他的行為が生じる源を、「同情」に置いている。[33] 主他は決して主我からは生じないし、それはまた仮装した主我でもない。

主我と主他

他者を利用したり侵害したりする、行為の上での主我主義と、人間の行為はすべて主我から生じるとする主我主義理論とは、このように一応区別されるが、しかしいま一度考えてみると、前者の態度をとる主我主義者は、実は後者の主我主義理論を採用し、それによって自らの主我的行為を正当化しているのではなかろうか。つまり主我的に行為する人は、たとえそれほど自覚的にではないにしても、人間はもともと誰でも主我的であり、自分もそれに従っているだけで、主他的行為を善とする人は、不可能なことを提唱しているか、それとも偽善者である、という考えを懐《いだ》いていると思われる。しかし人間が自然本性的にすべて主我的であると主張する主我主義理論は誤りであるし、この理論によって自分の主我的行為を正当化することもできない。またリップスが言うように、人間の意図的行為がすべて意図の達成に伴う満足を目標としているにしても、あるいはショーペンハウアーが言うように、人間がすべて自己の安寧と幸福を求めているにしても、そこから他者の安寧と幸福を損なうことが許容されるという結論を、論理的に引き出すことはできないのである。

一方、主他主義の主張にも、問題な点が見いだされる。ショーペンハウアーもリップスも、主他的行為は同情から生じ、同情は人間にそなわる根本的衝動の一つであるとするが、はたして他者に対する同情は、人間の自然本性に基づいて生じるのであろうか。人間は誰でも自然本性的に他者に対して同情するであろうか。現にショーペンハウアーも、同情心の一片のかけらもない主我的人間が存在することを認めていたのである。

主他主義は、さらに、それが極端な形をとり、他者の幸福のためにつねに自己の幸福を犠牲にすべきであると主張するならば、それはもはや維持されることはできないであろう。主我主義者ではないにしても、誰でも自分の幸福を、とりわけ精神面での幸福を、まったく無視することはできないし、他者が求めているのがたんなる物質的な幸福であるとすれば、自己を犠牲にしてどこまでもそれを援助することが道徳的に善とされるわけでもない。ユーイングによれば、「自己犠牲は、犠牲にされた善よりも大きな善を誰か他の人のために確保することが必要な場合にのみ、要求される」のであり、その場合にのみそうした自己犠牲は、正当化されるのである。[34] このように見てくると、主我と主他を厳しく対立させる見方そのものにも問題があることが知られよう。次章で扱う功利主義の見方は、少なくともこの対立を緩和させる方向に向かっている。

第6章

自然主義(3)――功利主義の倫理

I　功利性の原理

功利主義の成立

「功利主義（英 utilitarianism）」とは、「功利性（英 utility）」ということを原理とする思想体系で、一八世紀末、産業革命が目覚ましく進展しつつあったイギリスで成立した。功利性の原理をはじめて明確に主張したのはベンサム（一七四八―一八三二）であり、その後を引き継いでこの原理をさらに洗練し、その強化を図ったのが、J・S・ミル（一八〇六―一八七三）である。功利主義思想は、その後多くの人々によって支持され（それだけにその反対者も多いが）、現代でも倫理学や政治学の分野で有力な一派をなしている。ちなみに、日本では、すでに明治のはじめに、ほかの西洋思想に先駆けて功利主義思想が紹介され、ミルの訳書として、中村敬太郎『自由之理』（明治五年、一八七二）や、西周『弥耳氏《ミル》利学』（明治一〇年）、ベンサムの訳書として、陸奥宗光『利学正宗』（明治一七年）が出版されている（明治のはじめには、功利主義はこのように「利学」と訳されているが、「まえがき」で触れた日本ではじめての哲学辞典、『哲学字彙』では、utilitarianismには「功利学」という訳語が当てられている）。そこでここでは、『利学正宗』の原典に当たるベンサムの主著『道徳および立法の諸原理序説』（一七八九）と、『弥耳氏利学』の原典であるミルの『功利主義』（一八六三）とを手掛かりとして、功利主義の基本的な考えを探ることにしよう。

功利性の原理

ベンサムは、この書物の第一章「功利性の原理について」の冒頭で、ほぼ次のように語っている。自然は、人類を、「苦（英 pain）」と「快（英 pleasure）」という二人の主権者の支配下に置いてきた。人間がなにをなすべきかを指示し、また人間がなにをなすかを決定するのは、この二人の主権者だけである。善悪の規準も、原因と結果の連鎖も、この主権者の王座につながれている。苦と快は、人間の行為や言動や思考のすべてを支配していて、人間はこの支配から脱することはできない。このことを認め、このことを思想体系の基礎とすることが、「功利性の原理」なのである。[1]

ここに示されているように、およそ人間は誰であれ、快を求め苦を避けるという自然本性をそなえているというのが、功利主義の第一の原理である。これに対して、道徳や宗教を説く人が採用しがちな「禁欲主義（英 asceticism）」は、苦を求め快を避けるべきだという原理を立てるが、ベンサムによると、この原理を貫徹することは不可能である。それどころか、人間が当面の快を避けるのは、その快を味わうことで後に大きな苦が生じることを知っているからであり、また進んで苦を求めるのは、その後に大きな快が生じることを知っているからである。禁欲主義は実は功利性の原理に従っているのであり、禁欲主義の原理は「功利性の原理の誤った適用」にすぎないのである。(2)

快楽計算

功利主義の考えでは、人間は誰でも快を求め苦を避ける自然本性をそなえている。しかしそれならば、人間は快を求めるべきであり、苦を避けるべきであるとされるのは、なぜであろうか。人間は自然本性的にいつも快を求めているのであるから、改めて人間は快を求めるべきであるとするのは、理屈に合わないのではなかろうか（人間は快を求めることもあれば、苦を求めることもある、しかし人間は快を求めるべきである、というのなら理屈に合うであろう）。

だがベンサムは、この点にかんして、次のように考えていたと思われる。それは、Aという行為とBという行為のどちらかを選ばなければならない場合に、どちらの行為も快を求めているにしても、その際AとBのうち、より大きな快を生む行為を選ぶべきであるということで、これが功利性の第二の原理であると見てよいであろう。「功利性」と訳される utility は、もともと「有用」とか「効用」を意味している。つまりその場その場で、できるだけ大きな快を生む行為が、効用性のある有用な行為であって、これがその場における正しい善い行為である。功利主義は、行為の善悪は、行為そのものの在り方によって決まるのではなく、行為から生じる結果がどれだけ多くの快を含むかによって決まると考えるのである。

そこで、AとBという行為のどちらを選ぶべきかに際しては、両者がそれぞれ結果としてどれだけの量の快を（または苦を）生むかを知り、その大小を比較しなければならない。そのためにベンサムが考えたのが、一般に「快楽計算（英 hedonistic calculus）」とよばれている方法である。(3) この計算に際して前提とされていることは、どのような事柄に快を感じようと、それらは快としてはすべて同じであり、それらの間に質的な差異はない、ということである。快や快楽と言うと、肉体的感覚的な快に限定されるように聞こえるが、ベンサムの場合、そうではない。ベンサムは全部で一四の快をあげているが、(4) そのなかには感覚の快のほかに、富の快とか名声の快、さらには敬虔《けいけん》の快や慈愛の快も含まれている。快や快楽が「幸福」という語に置き換えられるのもそのためであるが、それはもっと適切には、日本語の「満足」に当たると言ってよい。敬虔の念から生じる満足や、他者に対する慈愛から生じる満足も、ここでは快に数えられているのであって、しかもこれらの快は、感覚の快と質的に異なるものではなく、同質のものと考えられているのである。

快はすべて同質であることによって、その量の大小を測ることができる。ベンサムはそこで、計算に必要な七つの単位をあげる。すなわち、(1)強さ、(2)持続性、(3)確実性、(4)近接度、(5)多産性、(6)純粋性、(7)範囲、がそれで[5]、つまりある行為から結果する快の量を計算するには、(1)その快がどれほど強いか、(2)その快がどれほど持続するか、(3)その快がどれほどの確実さをもって行為から生じるか、(4)その快がどれほど速やかに得られるか、(5)その快が他の快をどれほど生む見込みがあるか、(6)その快が苦痛の混入からどれほど免れているか、(7)その快はどれほど多くの人に行き渡るかがそれぞれ計算されることになり、そこから同じく生じるであろう苦の総和が差し引かれて、快の総量が決定される。AB二つの行為のうち、Aの行為から結果する快の総量が、Bの行為から結果する快の総量よりも大きいことが判明すれば、Aの行為を選択すべきであり、その行為がまたその場合に正しい善い行為なのである。

2　最大多数の最大幸福

最大幸福の原理

ベンサムは、後になって、この功利性の原理を、「最大幸福の原理（英 the greatest happiness principle）」ともよんだ。[6] ミルもベンサムにならって、功利性の原理を「最大幸福の原理」とよぶが、[7] ベンサムはさらに、「最大多数の最大幸福（英 the greatest happiness of the greatest numbers）」という表現を用い、「統治の唯一の正しい、そして正当化できる目的は、最大多数の最大幸福である」とも語っている。[8] この表現は、功利主義に先立って、すでにハチソン（一六九四―一七四六）――ハチソンは、「仁愛（英 benevolence）」から生じた行為が道徳的に善い行為であるとするが、他方、人間には事柄の善悪を直接に弁別する「道徳感（英 moral sense）」がそなわっているとしたので、倫理学では「道徳感学派」の一人に数えられている――が用い、「最大多数のために最大幸福をもたらす行為が、最善である」と語っているが、[9] しかし今日では、この標語は、功利主義のキャッチフレーズとして用いられている。功利主義によって善と認定される行為も、できるだけ多くの人々に、できるだけ大きな幸福をもたらす行為なのである。

個人の幸福と社会の幸福

それにしても、はじめに見た功利主義の原理は、人間は誰でも快を求め苦を避ける自然本性をそなえているということであり、またできるだけ大きな快（幸福）をもたらす行為が善であるということであった。社会全体の幸福を促進せよという命令は、この原理のうちには含まれていない。なるほど幸福の量の計算に際しては、七番目に、「範囲」が考慮されなければならないとされていた。ベンサムは、「社会の利益」とは、「社会を構成している個々の成員の利益の総計」であると考えていたし、[10] 個人の行為がまわりのできるだけ多くの人々の幸福を促進すれば、それが社会の幸福の促進につながると考えていた。しかしもしある人が、ＡＢ二つの行為の選択に際して、Ｂの行為はたしかに多くの人に快をもたらし、Ａの行為は自分だけにしか快をもたらさないが、強さとか持続性とか確実性の点で、Ａの行為の方がはるかに大きな快をもたらすことを計算によって知ったとすれば、どうであろうか。先にあげた原理からすれば、Ａの行為を選ぶのが正しいことになろう。つまり功利性の基本原理と、最大多数の最大幸福の原理は、ただちに結びつくとは考えられないのである。

功利主義に基づく統治

だがベンサムは、この二つの原理は調和すべきものと考えていた。『道徳および立法の諸原理序説』という主著の標題からも知られるように、ベンサムの意図は、たんに個人道徳の原理を示すだけではなく、統治者・立法者がどのような原理に基づいて統治や立法を行うべきかを示すことにあった。先の引用にもあるように、「最大多数の最大幸福」の実現は、「統治の唯一の正しい目的」であるし、功利主義の目的は、「理性と法の手段によって、幸福の組織を建設すること」にある。[11] 統治者は、できるだけ多くの国民ができるだけ大きな幸福に平等に与かることを目指して、立法し、統治すべきであるというのが、ベンサムの考えなのである。

法には、犯罪者を処罰するための刑法も含まれるが、ベンサムはこの刑法の在り方についても、さまざまな提言を行っている。たとえば、刑法は、一切の犯罪を防止することを目的としているが、しかしある人間がどうしても犯罪を犯さなければならないとしたら、その人間を有害性の多い犯罪よりも有害性の少ない犯罪をするように仕向けなければならない。また刑罰の値は、いつでも犯罪から生じる利益の値を圧倒するのに十分なものでなければならない。[12] ベンサムはここで次のように考えていたと思われるが、それは、他者の幸福を侵害する犯罪を企てた人間は、そうした行為が刑法によって罰せられ、自分がきわめて大きな苦痛を味わわなければならないことを知るから、快楽計算の結果、その犯罪行為を思いとどまるであろう、ということである。

ラファエルは、著書『道徳哲学』(一九八一)のなかで、こうしたベンサムの考えを整理して、「法はその制裁(刑罰やその他の処罰)によって、私的利益と公共利益との人為的な調和を作り出す」としている。功利主義に基づく統治は、最大多数の最大幸福の促進という人類愛的な目的をもっていて、「その法に対する背反には、地上での刑罰の脅威を与えることによって、まったくとは言えないがほとんど自利を求めている諸個人を、一般的利益に仕えるようにと導く」のである。[13] ベンサムとほぼ同時代のアダム・スミス(一七二三—一七九〇)は、個々の人間が経済活動において自分自身の利益を求めているのにもかかわらず、それが結果的には社会全体の利益になるとして、経済活動に対する国家の行政的な介入を斥け、いわゆる自由放任主義を説いたが、ベンサムはむしろ国家や法の機能を重視し、それによって個人の幸福と社会の幸福との調和を図ったのである。

3 ミルによる修正

高次の快と低次の快

ベンサムは、なにに快を感じようと、快はすべて質的に同じであり、したがって二つの快は、それぞれの量を計ることによって比較できると考えていた。これに対して、ミルは、「ある種の快はほかの快よりもいっそう望ましく、いっそう価値がある」として[14]、価値が高い、質的に高次の快と、価値が低い、質的に低次の快とを区別した。ミルの言う高次の快とは、いわゆる精神的な快であり、低次の快とは、肉体的感覚的な快のことである[15]。だがそれにしても、前者の快の方が後者の快よりも望ましく、価値が高いとされるのは、なぜであろうか。ミルはこれにかんして、「両方の快を経験した全員またはほぼ全員が、道徳的義務感とは関係なくきっぱりと選ぶ方が、より望ましい快である」とする[16]。つまりミルの考えでは、肉体的感覚的な快しか経験したことのない人間は別として、精神的な快をも経験した人間は、ほぼ必然的にその快が肉体的感覚的な快よりもすぐれた快であることを認め、それを選ぶようになるのであって、この二つの快を比較するときには、それぞれがどれほどの量を含むかを問題にする必要はない[17]。ミルの論法は、人間は誰でも自然本性的に快を求める、しかし快には高次の快と低次の快とがある、人間はすべからく高次の快を選ぶべきである、というもので、これは、人間は誰でも快を求める自然本性をもつから、快を求めるべきである、とするベンサムの論法よりも、論理の上で整合的であると言えよう。

尊厳の感覚

だが、双方の快を経験した人間が、なぜ精神的な快の方を望ましいとして選ぶようになるのか、そしてそれを質的に高次の快と認めるようになるのかは、これだけではまだはっきりとしない。そこでミルは、「双方の快を等しく知り、等しく感得し享受できる人々が、自らの高次の諸能力を用いるような生活態度をきわめて明白に選びとることは、疑いのない事実である」として、「獣の快をたっぷり与える約束がなされたからといって、下等動物の一種に変わることに同意する人は、まずいないであろう」と語る。[18] よく引かれるミルの有名な言葉によると、「満足した豚であるよりも不満足な人間である方がよく、満足した愚か者であるよりも、不満足なソクラテスである方がよい」のである。[19] そしてミルは、このことと関連させて、人間は誰でもなんらかの程度において「尊厳（品位）の感覚（英 a sense of dignity）」をそなえていて、この感覚と、人間の高次の諸能力とは、ある程度比例している、と語っている。[20]

そこでいま、ミルのこれらの発言を取りまとめると、次のように言えるであろう。人間は、自分がたんなる動物ではなくて人間であるという、人間の尊厳についての感覚をそなえていて、この感覚の鋭い人は、人間に特有な高次の精神的諸能力を発揮することができる。動物も味わうであろう肉体的感覚的な快よりも、人間が高次の諸能力を介して味わう精神的な快を選ぶようになるのは、このように人間の尊厳の感覚によるのである。もっとも、この関係は、可逆的であって、精神的な快を望ましいものとして、つまり高次の快として認め、それをつねに選ぶようになれば、その人は人間の尊厳性をさらに強く意識するようになり、それにつれて、高次の諸能力をいっそう発揮し、人間であるのにふさわしい生活態度をとるようになろう。ミルは、ほぼこのように考えていたと思われる。これはまた、「すべてを快に、しかもきわめて下品な快に関連させる」という、「功利主義に対する通常の攻撃」から、(21)功利主義を擁護するものでもあった。

最大幸福の原理

ミルによると、快の間に質的な区別を認めることは、功利性とか幸福とかを正しく理解するために必要であるが、しかしこのことは、功利性の基準を認める上での不可欠な条件ではない。と言うのも、「功利主義の基準は、行為者自身の最大幸福ではなく、全体的な幸福の最大量である」からである。(22)言い換えれば、「功利主義者が正しい行為の基準とするのは、行為者個人の幸福ではなく、関係者全部の幸福」である。(23)「自分の幸福か他者の幸福かを選ぶときに、功利主義が行為者に要求するのは、利害関係をもたない善悪の第三

者のように、厳正に公平であれ、ということ」なのである。(24)

ここでミルは、「おのれの欲するところを人にほどこし、おのれのごとく隣人を愛せよ」というイエスの教えを引き、これが「功利性の倫理の完全な精神」であり、「功利主義道徳の理想的極致」である、とする。(25) 功利主義は、この理想に近づく手段として、二つのことを提唱する。一つは、「法と社会の仕組みが、各個人の幸福や利益を、できるだけ全体の利益と調和するように組み立てられていること」であり、いま一つは、「教育と世論が人間の性格に対してもつ絶大な力を利用して、各個人に、自分の幸福と社会全体の善とは切っても切れない関係があると思わせること」である。(26) こうすることで、人間は、「一般的な善に反する行為を押し通して自分の幸福を得ようなどと考えることはなくなる」であろうし、「一般的な善を増進しようというひたむきな衝動が、各個人を習慣的に動かすようになる」であろう。(27) このようにミルは、一方では社会の仕組みの変革を説き、他方では教育ということの重要性を強調する。教育によって、人々は人間の高次の諸能力を十分に発揮できるようになり、人間の尊厳にふさわしい高貴な人間となる。「功利主義は、高貴な性格を全体的に開発することによって、はじめてその目的に到達する」のである。(28)

ミルはまた、教育の進歩によって、われわれの性格のうちに、「われわれの同胞との一体感」が深く根を張るようになる、と語っている。(29) たいていの人の場合、この一体感は、自己の利益にむかう主我的な感情よりも力が弱く、それを欠いている人もいる。[30]しかしいったんこの一体感が生じ、それが完全になるならば、人間はどれほど有利な条件でも、他者の利益にならないものは、誰も考えたり望んだりはしなくなるはずである。[31]功利性の原理によって、全体の幸福の増進が倫理の基準であることが知られるならば、この一体感は、功利主義を支える有力な力となる。[32]人間は、「誰でもがまるで本能的に、自分は当然他者に配慮する存在だと考えるようになる」のである。[33]ミルは、人間は誰でも自分の幸福を求める主我的な傾向をもつが、しかし他方では、人間の奥に潜んでいるこの一体感を基盤として、他者の幸福をも考慮し、最大多数の最大幸福を目指すようになる、と考えていたのである。

第7章 功利主義批判と義務論

1 幸福と快

幸福と快は同じか

ベンサムは、幸福と快とを同一視し、道徳的に正しい行為とは、場合場合に応じて最大多数の人々に最大の快をもたらす行為であるとして、快の量を計るための快楽計算を提唱した。この考えの背後には、およそ人間にとって快を味わうことが幸福であり、また人間にとって快がそれ自体で望ましい唯一の善である、という考えがある。だが功利主義が前提としているこの考えは、はたして誰もが納得する考えであろうか。なるほど人間は、自分が幸福であると思うときには、一種の満足感を味わうであろうし、この満足感は快とよんでもよいが、しかしこの快は、感覚的な快でもなければ、ベンサムが快のリストに掲げているような、ほかのさまざまな対象に対する快でもない。たとえば、おいしい料理を食べて幸福感を感じるとしても、この幸福感から生じる快と、料理のおいしさを味わうことから生じる味覚的（感覚的）な快とは別である。たえず飢えに悩まされている貧しい人は、まずいものを食べても、生存を確保できた満足感に伴う快を感じるであろう。したがってまた、幸福感から生じる快を、幸福な状態にあるときに味わうであろうさまざまな快の総計と見ることも困難であろう。つまり幸福であることと、快を味わうこととは、ひとまず区別して考えなければならない。幸福であるとは、まずもって、なんらかの意味合いで満ち足りた状態にあること、もしくは自分がそのような状態にあると意識することで、それにはそのつど、満足感としての快が伴うが、しかしそれを理由として、どのような快であれ、およそ快を味わうことが幸福であるとか、その総量が大きければ大きいほどますます幸福であるとは言えないのである。

それにしても、功利主義が幸福をただちに快と同一視するのは、エピクロスと同じように、人間にとって快がそれ自体で望ましい唯一の善である、と考えるからである。幸福にとって快がすべてであるとされるのも、快を唯一の善と見るからであって、快のほかに善いとされるものも、それが快をもたらすから善いとされる。たとえば、徳は一般に快とは無関係にそれ自体で善いとされているが、ミルによると、そうではない。ミルの考えでは、もともと徳を望むようになった動機は、徳が快に役立ったり、苦を防ぐのに役立ったりすることにあったが、徳と快苦の間につねにこのような観念連合が成り立つことによって、徳はなにかそれ自体で善いと考えられるようになったのである。[1] さらにまた、ミルによると、「徳そのものを求める人々は、徳を意識することが快であるため、または徳の欠如を意識することが苦痛であるため、あるいはまた両方の理由が重なったため、徳を求める」のである。[2] ベンサムも同様で、ベンサムは快のリストに「慈愛の快」も含めていたが、慈愛の快とは、「慈愛の対象となりうるものがもつと想像される快を考えることから生まれる快」である。[3] 慈愛は、徳としてそれ自体が善いのではなく、慈愛によって愛されるものが快を感じ、またそのように想像することが愛するものに快をもたらすから、善いとされるのである。エピクロスは、美とか徳も、それらが快を与えるなら尊重すべきであり、快を与えないなら顧みる必要はないとしたが、[4] 功利主義もほぼこの見方にそっていると言えるであろう。

ムアの批判

二〇世紀初頭に、イギリスのムア（一八七三―一九五八）が『倫理学原理』（一九〇三）という書物を著し、その後の英米倫理学に大きな影響を与えたが、ムアはこの書物のなかで、功利主義のうちに見られる快楽主義的な要素を批判した。ムアの基本的な考えによると、「善い」という観念は、たとえば「馬」といった複合観念とは違って、単純観念である。複合観念は、そのうちに含まれている要素的な単純観念（「馬」ならば、馬の諸部分の観念）を規則正しく列挙することによって定義できるが、単純観念はもはやそれ以上諸要素に分割できない観念であり、したがって複合観念の場合のように定義することはできない。(5)「善いとはなにか」と問われれば、「善いは定義できない」とか、「善いは善いである」と答えるしかないのである。(6)だがムアによると、それにもかかわらず、倫理学のなかには、「善い」ということを、経験の対象となる自然的対象によって定義しようと企てる倫理学がある。ムアは、このような倫理学を一括して「自然主義的倫理学」とよぶが、(7)功利主義もそうであって、功利主義は快楽主義の立場に立ち、「快が唯一の善である」として、「善い」ということを、心理的事実である「快」によって定義しようとする。ムアが「自然主義的な誤り（英 naturalistic fallacy）」とよぶのは、自然主義的倫理学に共通に見られるこうした誤りなのである。(8)

ムアのこの考えを推し進めると、「善い」ということで示される価値は、なんらかの事実ではなく、また事実に置き換えられることもできない、ということになる。ミルは、「なにかが望ましいことを示す証拠は、人々が実際にそれを望んでいるということしかない」と言うが、(9)人間がすべて自然本性的に快を求めるということが事実であるとしても、そのことから、快を求めるのが「善い」ことであり、価値のあることである、という結論を導くことはできない。これまでわれわれは、人間に共通にそなわるとされる自然本性を手掛かりとして、そこから倫理の基準を求めようとする倫理学を「自然主義」とよんできたが、ムアのように考えれば、これらはすべて誤りを犯していることになる。これまで見てきた自然主義のなかには、アリストテレスやストア派のように、人間の理性を重視する見方もあるが、しかしたとえ人間がすべて自然本性的に理性をそなえているのが事実であるとしても、この事実から、理性をそなえていることそのことが「善い」ことであるとは言えない。さらに言えば、人間の自然本性を知ったとしても、そこから人間の善さとしての人間らしさは導きだせないのである。リップスは、人間が行為に際して快(満足)を求めるのは事実であるが、しかし倫理学の問題は、なにに快を求めるかにある、としたが、(10)理性にかんしても同様であろう。倫理学にとって重要なのは、人間が理性をもつという事実ではなく、理性をどのように働かせるのが善いのか、ということである。アリストテレスやストア派が、「正しいロゴス」を説くのも、人間が理性を正しく働かせることを求めているからである。人間の善さは、人間が理性をそなえていることそのことにあるのではなく、理性を正しく働かせることのうちにある。

ムアについて付け加えると、ムアは、事実から「善い」ということが導けない以上、なにが善いかを知るのは、一種の直覚によるほかないと考えた。ここからムアの立場は、「直覚主義（英 intuitionism）」とよばれるが、ムアによると、功利主義が快を「善い」とするのも、実は直覚によるのである。[11] しかし快のほかにも、直覚的に善いと知られるものもある。ムアはそうしたものとして、たとえば「美の観賞」とか「人間の交際の楽しみ」などをあげている。[12] だがムアも、功利主義と同じように、行為の正しさは、行為の結果によると考えた。一般に、正しい行為をすることは「義務」であるとされるが、ムアによると、「義務」とは「ほかのいかなる行動よりも多くの善を宇宙に存在させる行動のこと」である。[13] つまりムアは、ベンサムが最大の快を生むのが正しい善い行為であるとしたのに対して、最大の善を生むのが正しい善い行為であると考えるのであって、ムアの立場が「理想的功利主義（英 ideal utilitarianism）」とよばれるのも、そのためなのである。

2　行為と理性

結果説と動機説

ベンサムの快楽主義的功利主義も、ムアの理想的功利主義も、行為の正しさは行為の結果に依存すると考える。行為は、それが最大の快もしくは最大の善を結果することによって、正しいとされるのである。したがってこの見方によれば、行為がそれ自体で正しいということはなく、行為が正しいとすれば、それはすべて善い結果を生むための手段として正しいということになる。行為の道徳的価値は、行為がそうした手段としてもつ有用的価値である。だがはたしてそうであろうか。

この見方は、行為にかんしてその結果を重視するのであるから、結果説とよばれるが、しかし倫理学のなかには、行為の結果よりも動機の方を重視する見方、すなわち動機説の見方もある。動機説の見方によると、行為の正しさは行為の動機に依存するのであって、道徳的に善い動機から生じた行為のみが道徳的に正しい行為であり、手段としてではなく、それ自体として善い行為である。この見方は、ある人間の行為が、その人間の人柄や性格と密接な関係があることを認め、性格が動機を通じて行為のうちに反映していることを考慮に入れている。道徳的に善い性格の持ち主は、おおむね善い動機から行為するのであって、その行為が道徳的に正しいのはそのためである。邪悪な性格の持ち主であるならば、邪悪な動機から正しくない行為をするであろう。したがって、人間の性格の道徳的改善が必要である。邪悪な性格が道徳的に改善されるならば、その人間はもはや好んで道徳的に不正な行為をすることはないであろう。動機説は、このように考えるのである。

ところでもし動機説が、動機や意図さえ善ければ、たとえ結果が悪くても、その行為は正しかったと主張するならば、この主張には問題があろう。たとえば、祈禱師が、金儲けのためにではなく、本心から病人の生命を救おうとして祈禱に励んでも、病院で簡単な治療を受ければ治る病人を死に至らしめたとしたら、どうであろうか。また医師が善意をもって懸命に治療を行ったとしても、その治療方法が誤っていて、大方の医師がそれが誤りであることを知っているのに、本人が不勉強でその誤りを知らなかったために、患者を死に至らしめたとしたら、どうであろうか。行為に際しては、行為をめぐるさまざまな事実についての正確な知識を持つことも必要である。もちろん人間は全知ではないから、すべての事柄について正確な知識を持つことは困難であろうが、しかしそうした知識の不足によって悪い結果が生じても、動機が善かったからその行為は正しかったのだ、とは言えないのである。

では、結果説の方は、人々を十分納得させるであろうか。結果説も、行為の結果さえ善ければその行為は正しく、その際行為の動機は一切無視してよいと主張するならば、この主張にも問題があろう。ミルは、行為の動機は行為者の価値にはかかわるが、行為の道徳性には無関係であるとした。「溺れかかっている人を救う者は、道徳的に正しいことをしているのであって、その動機が義務から出ていようと報酬目当てであろうと、関係はない」のである。[14] ミルはこのように説くことによって、道徳的に善い動機によらなくても正しい行為をすることが可能だとするが、しかし溺れかかっている人を救うのに、義務を動機としているか、それとも報酬を目当てにしているかによって、その行為の道徳的価値評価は異なるのではなかろうか。報酬目当てだということが分かれば、その行為の道徳的価値はなくなるか、それとも引き下げられるであろう。

また、やや極端な例かも知れないが、多くの貧しい人々に金を恵んで幸福にするために、金持ちの倉から千両箱を盗み出した義賊は、はたして道徳的に正しい行為をしたと言えるであろうか。最大多数の最大幸福という功利主義の原理によれば、この行為も正しいことにならないであろうか。これは、結果さえ善ければどのような手段も正当化されるという考えにもつながるが、この考えそのものははたして正当化できるであろうか。もっとも、ミルによると、功利主義者といえども「長い目で見た場合、善い性格を一番よく証明するものは善い行為しかない」ことを認めている。[15] つまりミルも、性格と行為とのつながりを認めていることになるが、しかし「善い行為」とは最大幸福をもたらす行為とされているから、「善い性格」の持ち主とは、動機はともあれ、最大幸福の実現を目指している人間ということになろう。問題は、人間の「善い性格」とよばれるものを、善い動機を抜きにして語ることができるかということなのである。

理性の変質

ベンサムが功利主義を唱えた頃のイギリスは、産業革命による経済発展が盛んな時代であった。ところで人間の経済活動においては、なによりもまず、効用性が重視される。たとえば、手持ちの資金を投資する際には、さまざまな投資先を考え、そのどれが資金を増やすのにもっとも効果的かを計算し、最大の利益をもたらす投資先を選択する。ベンサムの快楽計算という考えは、この経済的な計算方法と正確に符合しているのである。

最大幸福の原理によって、いったん最大幸福の実現が善であると決定されると、われわれが理性とよんでいる人間の能力は、もっぱら最大幸福を見いだすための計算に用いられることになる。人間の理性能力は、計算能力として発揮される。だが理性は、ギリシアの昔から、真理を見いだす能力として、また倫理の領域では、道徳的な善悪を知る能力として、感覚や感情よりも高い地位を占めるものとされてきた。理性に従って生きよとされたのも、そのためである。理性は、快や苦という感覚に対しても支配者の地位にあった。人間が誰でも快を求めるのが事実であるとしても、人間が善く生きようとする際に、なにに快を求めるべきかを指示するのは理性の役割とされてきたのである。しかし近代になると、理性のうちに含まれていた計算能力だけが肥大化し、理性のほかの能力を駆逐して、理性のなかで主座を占めるようになる。理性能力は、あたかもそれ自体が計算能力であるかのように見なされるのである。それには、経済活動だけではなく、科学技術の発展も、力を貸したと見なければならない。両者が高度に発展し、人間の計算能力ではもはや手に負えなくなったのが現代であって、コンピューターの出現がそれを物語っている。

ともあれ、最大多数の最大幸福という功利主義の原理は、倫理の領域においても、理性能力が計算能力に変質する方向を促進したと言えるであろう。理性能力は快楽計算のための道具となり、手段として利用されることになる。幸福をもたらすべき人々にかんしても、そこでは「最大多数」という量の計算が重視され、一人一人の人間の個性的な差異が無視される傾向にあることも、指摘しておかなければならない。

3 義務論の考え

義務判断と価値判断

フランケナの『倫理学』(一九六三、改訂二版一九七三)を読むと、そこでは道徳的判断は二つのグループに区分されている。一つは、「道徳的義務の判断」で、これはある特定の行為か特定の種類の行為にかんして、それらが道徳的に正しいとか不正であるとか、義務であるとかなさるべきであるとかを述べる判断であり、いま一つは、「道徳的価値の判断」で、これは人間や人間の動機・意図・性格などにかんして、それらが道徳的に善いとか悪い、有徳または悪徳である、責任がある、などと述べる判断である。この二つの判断が区別されるのは、判断が下される対象がそれぞれ異なり、またその対象についての術語がそれぞれ異なるからであって、前者は簡単に「義務判断」ともよばれ、後者は「徳性判断」ともよばれている。(16)

これまで見てきたように、功利主義は、行為の正しさを測る基準を、それが最大多数の最大幸福を結果するかどうかに置いた。しかしフランケナの考えでは、行為の正しさを判定する判断は、義務判断である。つまりある行為は、それが義務に適合しているかどうかを基準として、道徳的に正しいかどうかが判定されるのである。フランケナは、そのうえさらに、義務判断とは別に、動機や意図や性格を対象とする道徳的価値判断の存在を認めた。それらが善いかどうかは、人間の徳性にかかわっている。倫理学は、功利主義がそれほど関心を払わなかった人間の徳性についても、検討をすべきなのである。

ロスの義務論

フランケナに先立って、義務判断をほかの価値判断から区別したのは、イギリスのロス

（一八七七―一九七一）であった。ロスは著書『正と善』（一九三〇）のなかで、行為にかんしてその「正しさ」と「善さ」とを区別する。「善い行為」とは、「善い動機からの行為」であるが、「正しい行為」とは、その行為が「なさるべき」であり、「道徳的に強制されている」ことを意味する。[17] ロスはここから、行為の正しさは動機の善さにも、さらには結果の善さにも依存しないと考えた。つまりロスは、動機説にも結果説にも加担しないのであって、ロスの考えによると、約束を守るという行為は、たとえそれが最大幸福を結果しなくても、「なさるべき」正しい行為である。逆に、偽りの約束をするとか嘘をつくとかして、最大幸福が結果するとしても、その行為は依然として不正な行為である。ロスは、行為の正不正は、「なさるべき」である義務との関係でのみ決まるとする、「義務論（英 deontology）」の立場をとるのである。

ロスはそこで、「実際の義務」と「一応の義務（英 prima facie duty）」とを区別する。[18] フランケナの解説によると、実際の義務とは、われわれが個別的な状況の下で実際に行うべき行為であるが、しかしこれにかんして例外のない規則を設けることは不可能である。一応の義務とは、かりにほかの道徳的考慮が介入してこないと仮定したときに、実際の義務となるもので、これについては有効な一群の規則を立てることができる。[19] ロスはそうした一応の義務として、約束を守るという「誠実の義務」とか、他者の恵みに対する「感謝の義務」、分配を公正にする「公正の義務」などをあげるが、そのなかには他者に対する「善行の義務」も含まれる。[20]ロスの考えでは、他者に対する善行が道徳的に正しいとされるのは、功利主義者が考えるように、それが最大多数の最大幸福を結果するという理由によるのではなく、善行の義務に適合するという理由によるのである。

フランケナの考え

フランケナは、基本的にはロスの義務論を継承しているが、「功利主義者が真理の重要な一部を把握している」ことも認める。[21]フランケナが理解する「功利の原則」とは、「この世で悪にまさる善のできるだけ大きな量をもたらすべきである」という原則であるが、しかしこの原則はもう一つの原則を前提としているのであって、それは「われわれは善を行うべきであり、害を与えることを阻止し避けるべきである」という原則である。フランケナはこの原則を、ロスにならって、「善行の原則」とよんでいる。[22]

だがこのような義務を受け入れるには、その人の性格が善くなければならないであろう。フランケナは、行為の原則を重視する「原則の道徳」と、人間の性格の道徳的陶冶を重んずる「品性の道徳」とは、互いに対立する関係にあるのではなく、「同一の道徳の相互に補足しあう二側面」と考えるべきだ、と提言している。[23]倫理にとって問題なのは、たんにどのような行為をなすべきかということだけではなく、どのような人間であるのが善いのかということである。そこで次章では、人間の善さと義務の履行とが密接な関係にあるとする、カントの考えを取り上げることにしよう。

第8章　カントの倫理学

第8章　カントの倫理学

1　義務と善い意志

義務に基づく行為

カント（一七二四―一八〇四）は長年の苦闘の後に『純粋理性批判』（一七八一、改訂第二版一七八七）を著し、これによって自らの哲学（一般に「批判哲学」とよばれるが、これはカントの哲学が人間の理性能力の吟味・批判を中心に組み立てられているからである）を確立したが、そのカントが倫理学の基本についての構想をはじめて示したのが『道徳形而上学の基礎づけ』（一七八五）であって、これはベンサムの『道徳および立法の諸原理序説』（一七八九）とほぼ同時期に当たる。続いてカントは『実践理性批判』（一七八八）を著し、これによって、カントの倫理学の全貌が明らかにされたのである。

カントはまず、『道徳形而上学の基礎づけ』で、世間で一般に「義務」とよんでいるものを取り上げ、それと行為の道徳的価値との関係を明らかにしようとした。カントはそこで、たんに義務に適合している行為と、義務を義務としてはっきり意識し、義務に基づいてなされる行為とを区別した。行為が道徳的価値をもち、道徳的に善いと評価されるのは、後者の場合に限られる。カントがあげている例によると、小売店の店主が、商売繁盛のためにどの客にも掛け値をせず、その限りで客に公正にふるまっているとしても、それは自分の利益を求めての行為であるから、表面的には義務に適合した行為であるとしても、道徳的価値をもたない。これに対して、店主が客に対して公正であることを義務として意識し、その意識に基づいて掛け値をせず、どの客に対しても公正にふるまうならば、その行為は義務に基づいた行為であり、道徳的に善いと評価されるのである。(1)つまりカントの考えでは、自利を求める自己愛を動機としてなされる行為は、たとえそれが義務に適合していても、道徳的価値はない。道徳的価値は、義務を義務として尊重し、それに基づいてなされる行為にのみ、見いだされるのである。もっとも、義務に適合している他人の行為について、それが自己愛から生じた行為なのか、それとも義務に基づいてなされた行為なのか、外から見て判別することは困難であろう。しかしカントにとって、それはどうでもよい事柄であって、問題は、自分がはたして義務に基づいて行為しているかどうかということとである。カントが要求しているのは、自分の行為についての道徳的反省であって、他人の行為の道徳的評価ではない。

善い意志

ところで義務に基づいて行為するためには、人間は、人々が「善い意志（独 guter Wille）とよぶものをそなえていなければならない。カントによると、人間にとってそれを所有することが望ましく、善いとされるものは、さまざまある。たとえば、知力や機知といった才能、勇気や根気強さといった気質、権力や富や名誉、さらには健康や幸福なども、望ましく善いものに数えられるであろう。しかし人間がそなえることができるもののうちで、無条件に善いと言えるのは、「善い意志」だけである。これに対して、先にあげたさまざまなものは、もしそれを所有している人が同時に善い意志の持ち主でないならば、その人間にとって逆にきわめて悪く有害になることもある。たとえば、善い意志をもたない人間が富や権力を所有するならば、富や権力は、その人間をいっそう奔放にさせ、高慢にさせることになろう。(2) また古代のストア派の人々は、「欲情や熱情の抑制、自己支配、沈着な配慮」などを徳として勧めたが、しかしこれとても無条件に善いとは言えないのであって、たとえば沈着な悪漢は、沈着ではない悪漢よりもはるかに恐るべきものなのである。(3)

こうして無条件に善いとされるのは善い意志だけであるが、さらにカントによると、この善い意志は、「それが引き起こしたり、達成したりする事柄によって善いのでもなければ、それがなにかあらかじめ設定された目的の達成に役立つことによって善いのでもない」。そうではなくて、「善い意志はただ意志することによって善い、つまりそれ自体において善い」のである。[4] カントはそこで、たとえ「この善い意志が自らの意図を貫徹する能力をまったく欠く」場合でも、「この善い意志はあたかも宝石のように」「それだけで光り輝く」と語るが、[5] しかしカントはこう語ることで、意志さえ善ければ行為の結果はどうであってもよいとか、ましてやそれが悪くても構わないと主張しているのではない。善い意志は「たんなる願望」ではなく、「われわれがなしうる限りでのすべての手だてを尽くす」ことによって、最善の結果をもたらそうと努力する。[6] だがその努力が、それに必要な能力の欠如や外的な事情などによって阻止されることがあっても、その意志の善さは失われることはない、というのがカントの主旨なのである。

カントによると、この善い意志を支配しているのは、人間の理性である。そこでカントは、「自然がなぜわれわれの意志に理性を支配者としてそえたのか」を問題にする。[7] カントの考えでは、生物にそなわるさまざまな道具的器官は、いずれもその目的を達成するのにもっともふさわしいように調整されている。ところでもし人間が、動物のようにただ生きることだけを目的としている存在であるならば、人間には動物と同じように、ただ本能だけが与えられていればよかったはずである。だが人間には、本能のほかに理性が、「実践的能力」として、つまり「意志に影響を与える能力」として、与えられている。とすれば、「理性の真の使命」は、「なにかほかの意図において手段として善い意志」ではなく、「それ自体において善い意志」を生むことにある、と見なければならない。言い換えれば、「理性は自らの最高の実践的使命を、善い意志の確立のうちに認めており、理性はこの意図を達成してはじめて自らに固有な満足を味わう」のである。(8)

カントは、『純粋理性批判』で、人間の理論的能力としての理性（理論理性）を批判し、それが神の理性のようにすべてを洞見できるものではなく、限界のある有限なものであることを明らかにした。人間は、自らの理論的能力が有限であることを自覚しない限り、理論的知識にかんして数々の迷誤に陥るのである。だが上に見たように、カントの倫理学では、理性はもっぱら意志を支配する実践的能力として、すなわち実践理性として、扱われる。自然が人間に理性を与えたのは、人間がたんに生きるためや、生きるのに必要なさまざまな手だてのためにではなく、人間にそれ自体で善い意志をそなえさせるためにである。後にカントは、この実践理性の働きと、善い意志の働きとを同一視するようになるが、ともあれ、カントは、功利主義のように、理性を快や幸福を達成するための道具と見なすことはしなかった。人間が人間らしい善い人間であるためには、まずその心的態度において善でなければならず、それには善い意志が必要で、理性の本来の機能は、そうした善い意志を人間にそなえさせることにある。カントが人間を「理性的存在者」と規定するのも、こうした実践的な観点からなのである。

2　定言命法とその定式

定言命法と仮言命法

善い意志とは、義務に基づいて行為することを意志する意志であるが、その際にわれわれが義務として従うべき法則（掟）が、カントの言う「道徳法則」である。道徳法則は、義務の規則と言ってもよいが、しかし世間で一般に義務の規則とされているものが、そのまま道徳法則であるのではない。カントは、ちょうど「自然法則」が、自然のすべての事物が例外なく従っている法則であるように、「道徳法則」もまた、人間が理性的存在者である限り、そのすべてが例外なしに従うべき法則であると考える。したがって、たとえばある国や地方で慣習によって義務とされているものと、道徳法則に基づいて道徳的義務とされるものとは、区別されなければならない。また、世間で通用している義務の規則は、経験を通じて知ることができるが、道徳法則は実践理性の働きによって初めて知られるのであり、しかも実は実践理性が経験の助けを借りずに自ら設定する、すなわち自ら立法する法則なのである。

カントは、このことを示すために、まず「命法」とよばれるものを取り上げる。そうじてわれわれになすべきことを命じるのが「命法」であるが、この命法には、ある行為を、「われわれが意欲するなにか別のものに到達する手段」として命じる命法と、ある行為を、「別の目的に対する関係をもたずに」「それ自体として」命じる命法とがある。カントは、前者を「仮言命法」、後者を「定言命法（独 kategorischer Imperativ）」とよぶ。行為にかんして言えば、仮言命法に従う行為は、ある目的を達成するための手段として善い行為であり、定言命法に従う行為は、それ自体において善い行為である(9)。先に、善い意志はそれ自体において善いとされたが、定言命法はこの善い意志に対応している命法であり、それに従う行為もまたそれ自体において善い行為である。そしてカントの考えでは、道徳的に価値がある行為は、このそれ自体において善い行為だけであって、仮言命法に従う行為は、たとえ目的を達成するための手段として有効な、そしてその意味で善い行為であっても、道徳的に価値ある行為とは言えないのである。

幸福主義の否定

ところでカントは、この仮言命法の一つとして、「怜悧《れいり》の命法」をあげる。怜悧の命法とは、「ある行為が幸福促進のための手段として実践的に必然的であることを示す」命法であって、つまり幸福という目的を達成するのに手段として有効な行為を命じる「実用的」な命法である。(10) いわゆる幸福主義の倫理は、まず幸福という目標を掲げ、それを目指す行為に道徳的価値を認めるが、しかしカントの考えでは、これは怜悧の命法に属することであり、その行為はそれ自体において善い行為とは言えず、道徳的に価値のある行為とは言えない。つまりカントは、幸福主義の倫理を否定するのである。

カントも、人間がすべて幸福を求めるものであることを認めている。だがカントによると、幸福という概念は「きわめて曖昧な概念」である。と言うのも、われわれが幸福という ことで求めているのは、一つの全体的状態としての幸せであるが、しかし「幸福の概念に属するすべての要素はことごとく経験的」であり、断片的だからである。人によってなにを幸福と見なすかが異なるのも、そのためである。そこで人間は、「自分を真に幸福にするものがなんであるかを、なんらかの原則にしたがってまったく確実に規定することはできない」のであって、幸福にかんしては、せいぜいのところ、「養生、倹約、礼儀、抑制」に努めよという「経験的な忠告」をするしかない。経験は、「これらが平均して幸せをもっともよく促進する」ことを教えているからである。繰り返すと、「どのような行為が理性的存在者の幸福を促進するかを確実に普遍的に規定するという課題は、解決不可能」である。先に「怜悧の命法」という言葉が用いられたが、命法が人間の誰もがそれに従うべきであるという普遍性や必然性をそなえていなければならないとしたら、幸福を求める怜悧にかんして「命法」という言葉を使うのは不正確であって、それはたんに「勧告」とか「忠告」とよぶのが適当なのである(11)。

誤解が生じないように付け加えると、カントは、幸福を否定して、幸福を求めるべきではないと主張しているわけではない。人間は本性的に幸福を求める。カントが言いたいのは、定言命法もしくは道徳法則に先立って、つまりそれらをあらかじめ考慮しないで、優先的に幸福を追求してはならない、ということであり、ましてや幸福を追求することそのことが、幸福主義者の言うように、道徳的に正しい行為であると考えてはならない、ということである。倫理にとってなによりも重要なことは、善い意志をそなえることであり、定言命法に従って道徳的に善い行為をすることである。幸福追求はいわば二の次の問題であって、この二次的な事柄を道徳性の確立という最重要事に先立たせてはならないというのが、カントの主張なのである。

定言命法の定式

では、定言命法は、いったいどのようなことを命じているのであろうか。定言命法は、仮言命法とは違って、ある目的の達成を目指した行為を命じているのではないから、行為の目的（カントはこれを「実質」とよぶが）によっては規定されない。しかし少なくともその形式にかんしては、さらに詳しく規定することができるであろう。そこでカントがまず目をつけたのが、人間の一人一人が行為の際に自ら採用している個人的主観的な原理（行為の規則）で、カントはこれを「格率」とよぶ。(12)たとえば、いつも自分の幸福だけを求め、他人を無視してふるまう人間は、「自分の幸福を求め、その際には他人を無視せよ」という格率に従って行為していることになる。だが道徳法則は、先に見たように、自分だけではなく、すべての人間がそれに従うべき普遍的な法則でなければならない。そこで定言命法は、その形式にかんして、次のように定式化される。すなわち、「汝の格率が普遍的法則となることを、その格率を通じて汝が同時に意欲することができるような、そうした格率に従ってのみ行為せよ」という定式が、それである。(13)先の例にあげた格率は、この定言命法の定式に適合しないから、道徳的に善く生きようと思えば、それを捨てなければならない。この定式でカントが狙っているのは、道徳にかんして、ともすれば自分を例外扱いにしたいとする格率の排除である。「場合によっては人を欺いてもよい」という格率に従っている人は、実は人間は誰でも他人を欺くべきではないと考えているにもかかわらず、自分だけには例外を認めようとしている人である。カントの考えでは、定言命法と合致しない格率は、いずれも道徳法則との関係で自己矛盾に陥るのである。

定言命法では、行為の主観的で実質的な目的は考慮の外に置かれるが、しかしカントによると、意志の規定に際し、理性によって与えられる客観的な目的がある。それは、理性的存在者としてのすべての人間である。カントの説明では、「人間および一般にあらゆる理性的存在者は、目的それ自体として現存し、あれこれの意志によって任意に使用される手段としてのみ現存するのではなく、自分自身に向けられた行為においても、他の理性的存在者に向けられた行為においても、あらゆる行為においてつねに同時に目的として見られなければならない」のである。[14] そこで定言命法は、さらに次のようにも定式化される。「汝の人格やほかのあらゆる人の人格のうちにある人間性を、いつも同時に目的として扱い、決してたんに手段としてのみ扱わないように行為せよ」。[15] カントがこの定式で言いたいのは、自分と他人の別を問わず、すべての人間の人格が尊厳性をそなえていて、道徳的に善く生きるには、つねにそれを尊重しなければならない、ということである。カントの倫理学は、そうした意味で、人格主義の倫理学である。カントは、幸福を二の次の問題としたにもかかわらず、他人の幸福を促進することを義務の一つに数えているが、それは実は、他人の人格を尊重した上でその幸福を配慮することなのである。

3 自律と理性信仰

自律と自由

定言命法に従って、自らの格率が普遍的法則となることを意欲できるのは、意欲の主体である意志が、意欲している対象の諸性質に左右されないで、直接に自分自身に対して法則となることによる。これがカントの言う「意志の自律（独 Autonomie des Willens）」であって、カントはこの意志の自律こそが「道徳性の最上の原理」であるとする。[16] 定言命法が命じていることも、結局はこの意志の自律なのである。これに対して、意志が自らを規定すべき法則を、意志自身のうちにではなく、意欲の対象の諸性質のうちに求めるなら、そこから意志の他律が生じる。意志の他律からは、仮言命法が結果するだけであり、そこで他律は、「道徳性のあらゆる不純な原理の源泉」となる。[17] カントの考えでは、幸福を主眼とする幸福主義の原理も、他律によって採用された原理であって、これは意志の自律の原理に立脚していないから、道徳性の原理の名に値しないのである。

この意志の自律は、意志の自由と不可分の関係にある。だがこの場合の意志の自由とは、意志の原因性が外からの自然原因に依存しないで作動できるといった、消極的な意味での自由ではなく、意志が自ら設定した普遍的道徳法則に従って作動できるということで、これがカントの考える、積極的意味での自由である。つまり意志の自由とは、自分自身に対して法則であるという意志の特性であって、これは実は意志の自律にほかならない[18]。だが人間が、自然法則の支配する感性界（現象界）の一員である以上、その行為は欲求や傾性からも生じ、その限りで自然法則にも従うものと見なければならない。しかし人間はいま一方で、理性的存在者として、道徳法則が支配する英知界にも所属する。意志の自由と自律が可能であると考えられるのは、人間が自らをこうした英知界の一員と見ることによってである[19]。もっとも、人間は自然法則が支配する感性界にも所属しているから、その意志はつねに必然的に自律に適合しているわけではない。人間において、道徳法則に従うことが強制として、義務や命法の形で示されるのは、そのためである。

意志の自律は、このようにカントの倫理学の要となる概念であるが、さらにカントによると、この自律こそが、理性的存在者としての人間に尊厳を与える当のものである[20]。人間は、自律による意志の自己立法によって、「目的それ自体」であり、英知界の別名とも言える「目的の国」の成員である[21]。人間はその限りで尊厳であり、他の人によってたんに手段としてのみ扱われてはならない。人間の尊厳の根拠は、人間の自由にあるが、しかしカントの考えでは、この自由はあくまでも自律としての自由であり、道徳的な理性的存在者としての人間の自由なのである。

理性信仰

カントは『道徳形而上学』（一七九七）のなかで、人間は自然界の一員としては、ほかの動物たちよりも別段価値の高いものではなく、人間だけが知性をもつとしても、これはたかだか人間の有用性を示すにすぎない、と語っている。この場合の知性とは、人間の理論的な理性能力であり、そのなかには科学的技術的能力や計算能力も含まれるであろう。今日、科学技術が自然の破壊をもたらし、人間の理性能力に対する批判が高まっているが、しかしそこで批判されている理性は、こうした知力としての理性である。だがカントは、これに続けて、人間は「道徳的実践理性の主体」である「人格」としては、ほかの動物にはない「絶対的な内的価値」を、すなわち「尊厳」を、そなえている、と語る。(22) 道徳的実践理性による意志の自律こそが、そしてそれによって道徳的に善く生きようとする努力こそが、ほかの動物にはない卓越した価値を人間に与えるのである。人間は、自らのうちに、こうした実践的な理性能力があることに気づかなければならない。理論的な知性能力としての理性を否定するあまり、無原則な感情や欲求に従うのがよいとする道を選んではならないのである。

だがそれにしても、われわれは、人間にこのような実践的理性能力がそなわることを、どうして知るのであろうか。理論理性の力では、このことを知ることはできないのである。しかしカントの考えでは、いったんわれわれが、道徳的に生きるのが人間の最善の生き方であり、人間らしい生き方であることを確信するならば、それに伴って、人間に実践理性がそなわっていることも確信できるようになる。カントは、理論的には証明できないが、実践的には確信できる事柄を、「信仰」の事柄とよぶ(23)。実践理性の存在を確信することは、道徳的に生きようと決意した人間の実践的な「理性信仰(独 Vernunftglaube)」によるのである(24)。

こうしていったん理性信仰によって実践理性の存在が確信されると、これまで理論理性によっては解明できなかった「神の存在」や「魂の不死」といった事柄も、実践理性による理性信仰によってその意味づけが与えられることになる。先に見たように、カントは、道徳的に生きる際に、幸福の追求は二の次の問題であるとした。しかしカントはまた、人間が誰でも幸福に与かりたいと願っていることも認めている。そこでカントは、道徳的に生きる人間が、幸福に与かることもできると希望できるためには、その人間の道徳的な正しさに比例して幸福を配分する公正な神が存在しなければならず、また人間はこの世ではどこまでも不完全な存在で、完全な道徳性には到達できないということから、来世で完全な幸福に与かるために、魂の不死を要請せざるをえない、と考えた。つまり神の存在も魂の不死も、人間の道徳性との関係においてのみ意味をもつ事柄であって、カントはこのことを、実践理性による理性信仰によって確信したのである。(25)

カントは、「宗教」を、「われわれの義務を神の命令として認めること」と規定した。(26)この規定において重要なのは、順序であって、宗教とはわれわれの義務を神の命令として認めることであり、その逆、つまりまず神の命令があって、それをわれわれの義務として認めることではない。後者のように見れば、それはカントが否定した意志の他律となろう。カントにとって、自律的に(つまり自由に)道徳法則に従い、なおかつそれを神の命令と認めることは、決して矛盾したことではない。それどころか、カントによると、むしろ宗教をこのように規定することで、たとえば宗教とは神に対する特殊な義務であるといった、誤った宗教理解が防止されるのである。(27)カントが真正な宗教と見るのは、人間の道徳性を中心に据える宗教であり、実践的な理性信仰に基づく宗教である。道徳性を二の次として、もっぱら自分を幸福にしてくれることを神に望む宗教は、不純な宗教として斥けられるのである。

第9章　歴史主義と倫理

I　歴史的相対主義

倫理学説の違い

第2章であげたスターンの規定によると、「歴史主義」とは、「真理・法・倫理など、一般にすべての思想とすべての価値」を、「特定の歴史的時期、特定の文化の所産」として捉える「歴史的相対主義」である。(1)歴史主義の見方をとる人が、すべて相対主義を唱えているかどうかについては、問題もあろうが、ここではひとまずスターンの規定に従って、歴史主義を歴史的相対主義として扱うことにしよう。これもすでに見たように、歴史主義は、自然主義が認める人間の超歴史的な普遍的本性の存在を認めず、したがってまた、そうした本性に基づくとされた超歴史的な普遍道徳の存在も認めない。歴史主義は、道徳は時代や場所が異なるにつれて異なると見るのであって、その限りで歴史主義は、道徳にかんして、その歴史的相対性を認めていると言えるであろう。では、歴史主義は、どのような論拠に基づいて歴史的相対主義を主張するのであろうか。それを主張するためには、超歴史的な人間の普遍的本性を否定するだけではまだ十分ではなく、もっと積極的な論拠を提出しなければならないであろう。

われわれはこれまで、アリストテレスの倫理やヘレニズムの倫理、功利主義の倫理やカントの倫理を眺めてきたが、それらの間にかなりの違いがあることも明らかになった。たとえばアリストテレスの倫理学と、カントの倫理学とを比較しても、倫理の基本についての両者の考えには、かなりの隔たりがあることが知られる。ところでこの違いは、たんにアリストテレスとカントという二人の人間の個性的な素質や性格の違いによるのであろうか。そうではなくて、二人の人間がそれぞれ属していた時代の違いによると見るのが、歴史主義の見方なのである。

ヘーゲルの見方

ヘーゲル（一七七〇—一八三一）は、個人の意識や精神を超えた「世界精神（独 Welt-geist）」なるものの存在を認め、世界史を「世界精神の理性的で必然的な過程」として捉えた。[2] 個人にかんして言えば、「いかなる個人ももともとその時代の子である」し、個人が生み出した哲学や思想も、「その時代を思想のうちに捉えたもの」と見なければならない。[3] つまりヘーゲルは、アリストテレスもカントも、それぞれその時代の子であり、その思想はその時代の思想であると見ているわけで、この点に限って言えば、ヘーゲルもまた歴史主義の一翼を担うものと言えるであろう。

ヘーゲルは、この世界精神の発展過程において、世界史の各段階を形作るものとして、「民族精神」に注目した。もっとも、ヘーゲルが重視する民族は、世界史のなかで世界精神の必然的発展に寄与したとされる「世界史的民族」だけで、そこでヘーゲルはそれらの民族に注目しつつ、「世界史的支配国家」を四つの段階に区別する。すなわち、「東洋的支配国家」、「ギリシア的支配国家」、「ローマ的支配国家」、「ゲルマン的支配国家」がそれである。倫理にかんして言えば、東洋的支配国家においては、「個人的人格性は埋没していて無権利」であり、宗教の命令や慣習が国法とされ、法の掟とされる。ギリシア的支配国家では、人々は「人格的個体性」に目覚めはするが、しかしそれはまだ観念的で、十分に確立されていない。ローマ的支配国家に入ると、「倫理的生活」は、「人格的な私的自己意識と、抽象的な普遍性との両極」へと引き裂かれる。この分裂が克服され、精神が「自己意識や主観性の内部に現れる客観的真理と自由との宥和」に達するのが、ゲルマン的支配国家である。[4] つまりヘーゲルは、自分が生きていたドイツを世界史の最終到達点と見て、そこからさかのぼってこれまでの世界史を構成してみせたのであって、これは言うまでもなく、ドイツもしくは西欧を中心とした偏った歴史観で、後に多くの人々によって批判されることになるのである。

歴史的個別性の重視

マイネッケは、ヘーゲルに批判的で、実証性を重んじる歴史学者であるが、しかし歴史主義の立場に立ち、「歴史主義の核心は、さまざまの歴史的＝人間的な力を、一般化的にではなく、個性化的に考察することにある」と語る。もっとも、マイネッケによれば、このことは、「歴史主義が今後、人間生活の一般的法則性や類型を追求することをやめる」ということではない。しかし歴史主義は、そうした追求を、「個別的なものへの感覚と融合させなければならない」のであって、「歴史主義が呼び起こしたのは、個別的なものに対するこの新しい感覚」である。[5] マイネッケの理解では、歴史主義の仕事は、ヘーゲルのように、歴史の流れに世界精神の発展過程を当てはめてみせることではなく、歴史のうちに現れた特定の時代がもつそれぞれの個別性一回性を尊重し、それを際立たせるように記述してみせることなのである。

マイネッケに先立ち、すでに一九世紀の末に、新カント派に属する哲学者ヴィンデルバント（一八四八―一九一五）は、次のように語っていた。すなわち、「一切の経験科学は、現実の認識において、自然法則の形式をもつ普遍的なものを求めるか、それとも歴史的に規定された形態をもつ個別的なものを求めるか、そのいずれか」であって、前者が自然科学であり、後者が精神科学（歴史科学）である。つまり自然科学は「現実の出来事の恒常不変な形式」を考察し、精神科学は「現実の出来事の一回的な、それ自身において規定された内容」を考察する。自然科学の自立性は、それが「法則定立的（独 nomothetisch）」であることに、精神科学の自立性は、それが「個性記述的（独 idiographisch）」であることに、見いだされるのである。(6)

同じ新カント派の哲学者リッケルト（一八六三―一九三六）によると、現実とはもともと混沌とした異質的要素の連続であり、それはわれわれの概念化という作用を通じてはじめて合理的なものとして認識されるが、その際われわれが、一般的普遍的なものに着目して現実を概念化すれば、それは「自然」となり、特殊的個別的なものに着目して現実を概念化すれば、それは「歴史」または「文化」となる。自然科学は、そこで主として「一般化的（独 generalisierend）」という方法を用いるが、それに対して歴史や文化を扱う文化科学の方法は、「個性化的（独 individualisierend）」である。(7) ヴィンデルバントやリッケルトは、こうして、一般的普遍的法則が支配する自然の世界に対して、一回的個別的形態からなる歴史的精神的文化世界の存立を保証し、この世界を対象とする精神科学が、学として成り立つことをも保証したのであった。

ヴィンデルバントやリッケルトは、歴史的相対主義者ではないが、しかしこのように歴史の本質をその一回的個別的形態に認めることによって、歴史的相対主義をその側面から擁護する結果になったと見てよいであろう。また新カント派とは別に、一九世紀末から二〇世紀のはじめにかけて、あらゆる能力や要素を含む人間の「生」(独 Leben)」を全体的に把握しようとする「生の哲学」が登場したが、その流れに属するディルタイ(一八三三—一九一一)によると、精神史を彩っているのは、人間の世界に対する集約的な態度を表現しているさまざまな「世界観(独 Weltanschauung)」であって、この世界観は、究極には歴史的な各個人の生に根ざしている。ディルタイは、そこからさまざまな世界観を生の構造に基づいて統合的に把握することを目指した「世界観学」を提唱したが、しかし多様な世界観を「歴史の所産」と見る点で、(8)歴史主義の陣営に属していると言えよう。このほかにも、民族学者の現地調査によって、西欧の人間は、自分たちとはまったく異なった習俗や心性をもつ、いわゆる原始民族が同時代的に存在することを知ったが、これもまた文化の相対性を説く歴史的相対主義にとって、自らの立場を強化するのに役立ったのである。

2　唯物論的歴史主義

マルクス主義の考え

アントーニは、著書『歴史主義』（一九五七）のなかで、これまでに登場した歴史主義のさまざまな形態を区別しているが、その一形態として、「唯物論的歴史主義」をあげている(9)。つまりアントーニは、マルクス（一八一八—一八八三）やエンゲルス（一八二〇—一八九五）に代表される、いわゆるマルクス主義の唯物論的歴史観に注目して、これを歴史主義の一形態と見るのである。そこでここでは、マルクス主義が、とくに道徳の歴史的相対性ということについて、どのように考えているかを見ることにしよう。これについては、カメンカが、『マルクス主義と倫理学』（一九六九）という著書のなかで、手際よく解説しているので、少し長くなるが、それをまず引用することにする。

「マルクスの唯物論的な歴史の考えは、彼の弟子たちによると、次のことを示したのである。すなわち、道徳律や道徳信念は、人間に依存的であり、人間の社会的状況から生まれ、状況が変化するにつれて変化する、ということである。「人間一般」なるものは存在せず、存在するのは特殊なあれこれの社会階級に属する特殊な人間でしかないから、道徳一般なるものも存在しない。存在するのは特殊な諸道徳だけであり、それらは特殊な階級の特殊な利害や要求を反映し、こうした階級が闘争するにつれて互いに相争う。それゆえ、道徳律や道徳信念は、それだけを切り離して真であるとか偽であるとか、有効であるとか無効であるとか論じられることはできない。それらは特定の歴史的時代に属していて、特殊な歴史的集団の関心を示している。こうした脈絡のうちでのみ、諸道徳は理解され、評価されることができるのである。奴隷所有者の道徳、あるいは奴隷の道徳の名において、封建道徳やブルジョア道徳、あるいはプロレタリア道徳の名において論ずることは可能である。しかし、道徳そのものの名において論ずることはできない(10)」。

マルクス主義の基本的な考えによると、それぞれの時代にはその時代の生産力に適合した生産関係があり、その総体である経済体制(下部構造)が土台となって、その時代の政治や法や道徳についての意識(上部構造)が規定される。生産力の増大によって下部構造が変化すると、それにつれて上部構造である法や道徳も変化する。そこでこれまでの歴史は、おおまかに言って四つの段階に区別されるのであって、アジア的原始共同体、古代の奴隷制、中世の封建制、近代の資本主義がそれであるが(11)、マルクス主義の考えでは、いずれ資本主義にかわって共産主義の社会が必然的に到来する。カメンカがあげている諸道徳は、これらの諸段階に対応する道徳である。マルクス主義は、ヘーゲルによる観念論的な歴史の見方を否定するが、しかし歴史が人類の理想的な状態を目指して必然的に展開すると考えている点では、時代の個別的一回性を重視する記述的な歴史主義とは違って、ヘーゲルと同じ構成主義的な歴史主義の道をたどるのである。

階級道徳という考え

先に引用したカメンカの要約は、エンゲルスの『反デューリング論』(一八七八)によると思われるので、補足する形で、エンゲルスのこの書物の内容に触れよう。エンゲルスによると、現代(エンゲルス在世当時のドイツ)では三つの道徳が併存していて、それは封建貴族が信奉する「キリスト教的・封建的道徳」、ブルジョアジーの「現代的・市民的道徳」、プロレタリアートの「プロレタリア的な将来道徳」である。では、このうちのどれが「真の道徳」であろうか。「絶対的な究極妥当性」という点では、どれも真の道徳の資格をそなえていない。だがこの過去・現在・将来を代表する三つの道徳のうち、「現在において現在の変革を、すなわち将来を代表する道徳」、つまり「プロレタリア的な道徳」だけが、これからも持続する要素を含んでいるのである。(12)

ところでこの三つの道徳は、そのすべてに共通する部分を含んでいる。そこでこの共通部分が、いつの時代にも通用する普遍道徳であると思うかもしれないが、これも誤りである。エンゲルスによると、この共通部分は、三つの道徳が「共通の歴史的背景」をもつからであって、「経済的発展段階が等しいか、またはほぼ等しい場合には、道徳理論は多かれ少なかれ一致する」のである。たとえば、「盗むなかれ」という掟は三つの道徳に共通しているが、これは「動産の所有」が生じた時代に成立したのであって、「こうした私有が行われているすべての社会にとって共通」である。(13) 私有制度のない共産主義社会が実現すれば、それにつれて「盗むなかれ」という掟も消滅するであろう。

このように「すべての道徳理論」は、「究極にはその都度の経済的社会状態の産物」であるが、ところで「社会がこれまで階級対立のうちで動いてきたのと同じように、道徳はつねに階級道徳（独 Klassenmoral）であった」というのが、(14) エンゲルスの考えである。「つまり道徳は、支配階級の支配と利益を正当化するものであるか、あるいは抑圧された階級が十分に強力となった時点から、こうした支配に対する反抗と、抑圧された人々の将来の利益とを主張するものとなるか、そのいずれかであった」のである。その間、道徳にかんしても、「ある進歩」が認められるが、しかし「われわれは階級道徳をまだ超えてではいない」のであって、「階級対立を超え、階級対立の思い出をもたない、真に人間的な道徳（独 die wirklich menschliche Moral）(15)」は、階級対立が克服された共産主義の段階にいたってはじめて開花する。これまでのどの時代の人間も、その人間が属している階級によって全面的に規定されているのであり、その人間が懐《いだ》く道徳も階級道徳であって、その限りで道徳は歴史的相対性を免れることができない、というのがエンゲルスの主張なのである。

3　歴史主義に対する批判

形式にかんする批判

歴史主義は、その成立の当初から、相対主義を容認しない人々によって、批判されてきた。たとえば、スターンがあげている例では、次のような批判がある。すなわち、歴史主義が、人間の思想はいつの時代でも歴史的に制約されていて、超歴史的な真理や価値は決して存在しないと主張するならば、歴史主義は自らのこうした主張については超歴史的な妥当性を要求しているのであるから、自己矛盾に陥る、というのがそれである。もっとも、スターンによると、歴史主義の主張が、「この今の歴史的時期において、われわれが用いることができる思想のカテゴリーに基づいて判断すれば、人間の思想や価値や信条は歴史的に制約されていると思われる」という程度の主張であるならば、自己矛盾を冒しているとは言えないのである(16)。しかし論議の形式にかかわるこうした批判や弁護は、どちらかと言えば末梢的な事柄で、問題は、歴史主義が前提としている事柄が、はたして正しいかどうかということである。

前提にかんする批判

歴史主義は、「歴史が人間の在り方を全面的に規定している」ということを前提として論をすすめるが、しかしこの前提そのものは、どのようにして正当化されるのであろうか。たしかにわれわれのまわりにはさまざまな歴史的な出来事が生じ、われわれはそれと同時代に生きていることを知っている。しかし人間の在り方を全面的に規定しているとされる「歴史」は、個々の歴史的な出来事ではなく、その時代を支配している時代精神とでも言うべきものであろう。歴史主義は、歴史を超えた不変的な人間精神の存在を否定し、人間精神や人間性は歴史とともに変化すると考えるが、その場合の歴史的人間性とは、こうした時代精神（これは共通精神とか全体精神とよばれることもあるし、また民族性とか国民性という単位で捉えられることもある）と見なければならない。では、この時代精神なるものは、それを捉えようとする人間が懐いている歴史観とは無関係に、それ自体として存立しているものなのであろうか。時代精神の把握が、歴史を見る人間の歴史観によって左右されるとすれば、取り出された時代精神も、歴史を見る者の見方によって異なり、それ自身また相対的なものにすぎないことになろう。ヘーゲルの言う「世界精神」も、そうしたものと見なければならない。また記述を重んずる歴史家がある時代の個性的一回的な特徴として示すものも、歴史家が持つ歴史観が異なるにつれて異なっている。歴史がたえず書き換えられるのも、そのためである。歴史を見る者の立場とは無関係に、ある時代の全メンバーを全面的に、しかも客観的に規定している時代精神なるものを取り出すことは、困難であると言うよりも、むしろ不可能なのである。

このことは、とくに現代のわれわれを考えるときに、明らかになる。日本人ということに限っても、では現代のわれわれ日本人のすべてを全面的かつ客観的に規定している民族性なり国民性を、これとして取り出すことができるであろうか。日本人の国民性を論じた日本人論は多いし、またこれらの書物によって啓発される点もあるが、しかし自分が日本人として、そこに描かれている国民性によって隅から隅まで完全に規定されていると考える人は、まずはいないであろう。もっとも、歴史主義者は、私がいまこのように考えていることが、すでにそれとして歴史によって規定されているのだ、と言うかもしれない。しかし私は、私のいまの考えを規定しているとされる「歴史」が、あるいは時代精神なり国民性とよばれているものが、どのようなものであるかを確認できない以上、歴史主義者の考えに与《くみ》することはできないのである。

マルクス主義にかんする批判

マルクス主義の見方は、一歩前進していると言えるかもしれない。マルクス主義は、歴史を経済的体制の変革過程として一応客観的な形で捉え、それに基づいて論を展開しているからである。しかしそれにしても、人間の意識は、はたして経済的な下部構造によって全面的に規定されているのであろうか。これまでの歴史において、奴隷制の成立以来、いつの時代にも階級が存在したということは言えるにしても、ある階級に属している人間の意識が、階級意識として、その階級によって全面的に規定されているとまで言えるであろうか。このことを立証することは、きわめて困難であろう。さらに問題なのは、これまでの道徳をすべて「階級道徳」として捉え、しかもそれが「階級の利益」に役立つものであるとしている点である。たしかに階級対立のあるところでは、互いに自らの階級の利益を図るということはあるであろう。しかし道徳のすべてが、階級の利益に奉仕するものと言い切ることはできないであろう。たとえば、「殺すなかれ」というのも道徳的な掟の一つであるが、この掟を特定の階級の利益を擁護する階級道徳と見ることはできない。エンゲルスは、これまでの道徳はすべて階級道徳であるとするが、そうだとすれば、これは道徳とよばれているものの範囲を著しく狭めるものであろう。

エンゲルスは、さらに、階級対立が消滅した共産主義社会が実現することによって、はじめて階級道徳ではない「真に人間的な道徳」が生じると語っていた。これは、もはや経済的搾取がなく、各人が自由に労働しながら生活を楽しむ社会が理想的社会であり、そこで人間の疎外が克服され、人間性が完成する、というマルクス主義の見方から生じた考えであろうが、しかしそれにしても、この「真に人間的な道徳」がどのような内容をもつ道徳であるのかは、明らかにされていない。少なくともその実現を目指すとすれば、現在のわれわれもその具体的な姿を構想しなければならないであろうが、しかしわれわれが依然として階級意識によって階級道徳に縛られているとすれば、それを構想することも不可能であろう。したがって「真に人間的な道徳」とはなにかを考えようとすれば、われわれはむしろ階級意識から離脱しなければならない。またそれが人間性の完成という考えに結びついているとすれば、その場合の「人間性」とはなにかということも、改めて考えてみなければならないであろう。

第10章　実存主義と倫理

1　実存の本来性——ハイデッガーの場合

実存の本来性と非本来性

第2章の「3　実存主義の見方」で述べたように、実存主義の基本的な考えは、人間の各個人の存在（実存）をあらかじめ規定しているような人間性は、自然主義が説くように自然的にであれ、歴史主義が説くように歴史的相対的にであれ、存在しない、ということにある。そしてこのことを、ハイデッガーは、人間の本質はその実存のうちにあると表現し、サルトルは、人間にあっては実存が本質に先立つという形で表現したのである。だがハイデッガーもサルトルも、今度はこのこと、つまり本質が実存のうちにあるとか、実存が本質に先立つということを、人間の自然的本性に代わる人間の普遍的本性と見て、そこからすべての人間に共通する実存の構造についての分析（ハイデッガーの用語では、人間すなわち現存在の「実存論的分析」）を展開する。そこでまず、ハイデッガーの場合に注目しよう。

人間の本質が実存のうちにあるということは、簡単に言うと、ある人間の人間としての在り方は、その人間が自らの存在に対して取る態度によって決まる、ということである。ハイデッガーによると、人間各個人の存在は、「その都度私」である存在であるが、(1) 私がこの自らの存在に対して取る態度は、基本的に言って、二つある。一つは、私が自らの存在を自らに引き受けるという形で実存することであり、いま一つは、それとは逆に、私が自らの存在を引き受けずにそれを回避するという仕方で実存することである。前者は、私が私に固有な（独 eigen）自己を保持しつつ実存することであり、後者はそうした自己を放棄し、それを喪失した状態で実存することである。そこでハイデッガーは、前者の実存の仕方を「本来的（独 eigentlich）」、後者の実存の仕方を「非本来的（独 uneigentlich）」とよぶ。(2)『存在と時間』での人間存在の分析は、この実存の「本来性」と「非本来性」とを基軸として、展開されるのである。

固有の自己と「ひと＝自己」

ところでハイデッガーによると、人間は、「さしあたってたいていの場合」には、つまりその「日常性」においては、非本来的に実存する。(3) 言い換えれば、私は、私に固有な自己を回避しつつ実存する。では、その場合に、回避された私固有の自己に代わって、私のなかで自己の役割を演じているのは、誰であろうか。それは端的に言って、「私」ではなくて「他人」である。とは言え、それはある特定の他人ではない。それはすべての他人を代表するような、いわば他人一般であり、「ひとがそうするから自分もそうする」という場合の「ひと（独 das Man）」である。(4) ハイデッガーは、こう語っている。「日常的現存在の自己は、〈ひと＝自己〉であって、われわれはこのものを本来的な、つまり本来それとして把握された自己から区別する。〈ひと＝自己〉として、その時々の現存在は、〈ひと〉のうちに分散している。……さしあたって〈私〉は、私に固有な自己という意味で〈存在している〉のではなく、〈ひと〉という様式における他人である」。(5)

では、私はいかにして「ひと」から脱して、私固有の自己を回復し、本来的に実存できるようになるのであろうか。キルケゴールは、「単独者」という言葉を使って、主体性を喪失して生きる「大衆」に、主体性を保持する「単独者」を対立させたが、ハイデッガーもこれにならって、本来的実存にいたるには、「ひと」のうちに分散している自己が、単独者にまで個別化され、「単独化」されなければならない、と考える。そして人間にこの単独化を促すのが、「不安」であり、「死」の自覚であり、「良心」なのである。

単独化による本来的実存の回復

不安は、「ひと」が馴れ親しんでいた世界をいわば無意味化することによって、「ひと＝自己」を「単独な自己」へと単独化する。[6] また、私の死は、本来私だけにかかわる事柄であって、他人は私に代わって私の死を引き受けることはできない。「死は現存在を単独な現存在として要求する」のである。[7] さらにまた、「良心の声」は、沈黙という形をとりつつ「ひと＝自己」によびかけ、それを「自らに固有の自己」へとよび戻す。[8] これらをひとまとめにして言えば、「現存在は、沈黙した、あえて自己に不安を要求する決意性の根源的な単独化のうちで、本来的に自己」なのである。[9] このように、ハイデッガーが本来的自己の回復に際して繰り返し強調するのは、人間すなわち現存在の「単独化（独 Vereinzelung）」である。このことは、非本来的な自己が、自他無差別な「ひと＝自己」として捉えられたことからしても、当然の成り行きであろう。現存在は単独化されることによって、はじめて本来的に私固有の自己として実存する。ハイデッガーは、現存在の「本来性」と「非本来性」という用語を用いる際に、これらが現存在の「存在様態」を示す用語であることを強調している。[10]つまり本来性と非本来性は、人間の存在に後から付け加えられた倫理的な価値規定ではない。だがそれにもかかわらず、ハイデッガーが、本来的な実存の在り方が人間のあるべき在り方であり、非本来的な実存の在り方は人間の頽落した在り方で、それを克服しなければならないと考えていることは、明らかであろう。人間は倫理的に人間らしく生きようとすれば、本来的に「固有の自己」として実存すべきであって、非本来的に「ひと」として実存すべきではない。「ひと」は、責任をもたない非自立的な人間の在り方であり、決断が迫られる場合にはいつも逃げ出してしまうような人間の在り方である。人間が「死への存在」であることを自覚し、[11]その時々の現在の状況に面して、「ひと」が採用する通俗的な社会的規範を斥け、いわば英雄的に決意し決断していく本来的実存こそが、ハイデッガーにとって、真に人間らしい人間の在り方であり、倫理的に善とされる人間の在り方なのである。ハイデッガーのいわゆる後期の思想においては、「存在の運命」とよばれるものへの聴従が説かれるようになるが、しかし少なくとも前期の『存在と時間』では、運命に立ち向かう人間の英雄的な実存の仕方が称揚されていると見てよいであろう。

2　実存の自由——サルトルの場合

実存と自由

すでに触れたように、サルトルは、人間にあっては実存が本質に先立つと考えた。つまり人間は、「なんらかの概念によって定義されうる以前に実存している存在」であって[12]、そこでサルトルは次のように語っている。「実存主義者が考える人間が定義不可能であるのは、人間ははじめはなにものでもないからである。人間は後に結果するところのものであるにすぎず、人間は自ら創るところのものになるのである。このように、人間の本性は存在しない。……人間は、自ら創るところのもの以外のなにものでもない。これが実存主義の第一の原理である[13]」。サルトルの考えでは、およそ自然的にも、歴史的にも、個々の人間をあらかじめ規定しているような「人間の本性」すなわち人間性なるものは、存在しないのである。

サルトルは、人間が自由であるということを、実存のこの自己創造のうちに見いだした。人間が自由であるとは、先に引用したように、「人間はなんの拠り所もなく、なんの助けもなく、刻々に人間を創り出すという刑罰に処せられている」ということである[14]。第二次世界大戦中にドイツに占領されたフランスで、イギリスに赴いてフランス解放軍に加わるべきか、それともフランスにとどまって母親の生活を助けるべきか、そのどちらを選ぶべきかについて助言を求められた生徒に対し、サルトルが与えた回答は、「君は自由だ。選びたまえ。つまり創りたまえ」ということであった。「いかなる普遍道徳も、なにをなすべきかを君に指示することはできない」し、「この世界のうちに指標は存在しない」のである。(15) サルトルはここで、人間の普遍的本性から導き出される「普遍道徳」の意義を否定するが、しかしこれは決して倫理そのものを否定しているのではない。すぐに見るように、むしろ倫理を実存の自由と結びつけて理解すべきだというのが、サルトルの考えなのである。

自由と自己欺瞞

ハイデッガーは、人間の本質が実存のうちにあるというそのことが、人間すべてに共通な規定であると考え、それをもとに人間存在の実存論的分析を行ったが、サルトルも、人間は実存が本質に先立つ自由な存在であるということを、すべての人間に共通する人間の在り方と見る。サルトルの主著『存在と無』は、このことを主として人間の意識の構造に即して解明した書物であるが、ところでこの書物は、「道徳的展望」という最終節で締めくくられている。それによると、『存在と無』で展開された、人間存在の分析を基盤とする存在論は、それが存在論である以上、命令法からなる道徳的規則を立てることはできない。けれどもこの存在論は、「状況のなかの人間的現実に面して自ら責任をとる一つの倫理が、いかなるものであろうかを予見させてくれる」のである。(16) 実際、存在論と、それに加えて実存的精神分析は、「道徳的行為者に対して、かれが諸価値を現実に存在させる存在であることを開示するものでなければならない」のであって、「その時にこそ、かれの自由はそれ自身を意識し、価値の唯一の源泉である不安のうちで自己を見いだす」のである。(17)

ここでサルトルが言おうとしているのは、次のことである。すなわち、人間はまったく自由であるが、しかし人間はそのことを十分に自覚していない。それどころか人間は、自由に自己を創造していくことの重荷に耐えかねて、たとえばなんらかの決定論を信奉し、自分はすでにこのように決められているのだとして、自らの自由を否定しようとする。また、さまざまな価値を現実に存在させるのは人間の自由によるのであるが、いわゆる「謹直な精神（仏 esprit de sérieux）」の持ち主は、自分に対峙する世界の側に価値を固定し、それに安住して生きようとする。だがサルトルによると、「謹直な精神から、あるいは決定論の弁明を使って、自分の全面的自由に目を覆うひとびと」は「卑怯者」であって、道徳的に断罪されなければならない。(18) つまり存在論や実存的精神分析は、人間が自由であることを徹底して開示してみせなければならないのであって、それによって人間は、自分が自由ではないという自己欺瞞から解放され、自由に自己を創造していくことができるようになるのである。

責任の倫理

サルトルは、「道徳的展望」の末尾で、『存在と無』に続いて倫理的問題を主題とする書物を刊行すると約束していたが、これは実現にいたらなかった。けれども、サルトルが倫理的問題の所在をどこに求め、倫理的善悪の基準をどこに置こうとしていたかは、以上からほぼ明らかであろう。人間は各自そのつどの状況に面して、自由に自己の在り方を選ぶべきであり、それによって自己を創造していくべきである。その場合にのみ、人間は自らの行為について、自分が全面的に責任を負わなければならないことを決意するであろう。そしてその場合にのみ、その行為や行為の主体である人間は、倫理的に善であろう。これに反して、「謹直な精神」から、あるいは決定論を理由にして、自らの自由を否定する人間は、自己欺瞞的な「卑怯者」であり、倫理的に悪である。彼は自らの行為に全面的に責任を負うことを回避するからである。

このように見てくると、サルトルの倫理は、自由の倫理と言うよりも、むしろ自己に対する誠実の倫理であり、責任の倫理である、と言わなければならない。第二次世界大戦後、サルトルの影響の下に、「実存主義者」を自称する多くの若者が現れ、無責任な自由を謳歌したが、しかしこれはサルトルの真意に反するものであろう。サルトルは、「無」や「不条理」を強調したが、いわゆる虚無主義者、すなわちニヒリストではない。サルトルが説く自由な実存は、むしろハイデッガーが説く本来的実存に近いのであって、つまりサルトルは、ハイデッガーによる本来的実存と非本来的実存の区別に注目し、自由を否定する自己欺瞞的な人間の在り方を、非本来的実存の側に配したと言えるのである。

3　実存主義の批判──他者の問題

他者の自由

サルトルにとって、人間すべてが従わなければならないような「普遍道徳」なるものは存在しない。人間は「自らの道徳を選びながら、自らを創造していく」のである。[19] だが、サルトルが考えるように、人間は各自が自由に自己を創造していきさえすれば、それでただちに倫理的に善であると言えるであろうか。たとえ自己創造の自由が無責任な自由ではなく、責任を伴った自由であるとしても、では自由な行為に際してつねに自分が責任を負うことを決意してさえいれば、その行為は倫理的に善なのであろうか。つまりここで問題にしたいのは、倫理的に善であるためには、自己創造に際して、自分の自由だけではなく、他者の自由をも尊重すべきではないか、ということである。

実はサルトルの実存主義に対して、このような疑問を投げかけた人も当時いたのであって、そこでサルトルはこの疑問に対し、次のように答えている。なるほど「人間の定義」としての自由は、他者に依存してはいない。しかし「われわれは、自由を欲することによって、自由はまったく他者の自由に依存していることを、また他者の自由はわれわれの自由に依存していることを、発見する」のである。[20] サルトルによれば、サルトルの言う「主体性」は、「まったく個人的な主体性」ではない。[21] サルトルはそこで、『存在と無』で行った人間存在の分析を念頭に置きながら、「われわれは、コギト〔私の思考作用〕のうちで、自分自身だけではなく、他者をも発見することを証明した」と語る。デカルトやカントと違って、「われわれは〈われ思う〉によって、他者の面前でわれわれ自身を捉える」のである。すなわち「私の内奥の発見は、同時に私をして、他者を私の面前に置かれた一つの自由として発見させる」のであり、「われわれはそこでただちに、われわれが相互主体性とよぶ一つの世界を発見する」のである。[22] これが『実存主義とは何か』でのサルトルの見解であって、つまり自己の自由とともにすでに他者の自由が発見されているのであるから、私は自己の自由な創造に際しても、他者の自由を認め、それを尊重しなければならない。その意味で、他者の自由は、すでに自己の自由な選択の条件のうちに含まれているとされるのである。

対他存在

だがしかし、『存在と無』での分析は、はたしてこのことを示しているであろうか。『存在と無』は、「対他（仏 le Pour-autrui）」という篇を設け[23]、そこで自己と他者の関係を詳しく分析しているが、その分析の成果だけに注目すると、自己の自由と他者の自由とは、実は両立不可能とされているのである。サルトルは、ここで哲学に伝統的な主観＝客観という図式を採用し、それに基づいて自他の関係を分析するが、それによると、主観＝自己は、自他の相互関係の場で他者の自由を否定し、他者を客観としての他者、すなわち客観＝他者に閉じ込めようとするし、他者は他者で、自由な主観＝他者として、私を客観＝自己というものに閉じ込めてしまおうとする。「かくしてわれわれは、際限もなく、客観＝他者から主観＝他者へ、また逆に主観＝他者から客観＝他者へと差し向けられる。この運行は、決してやむことはない。他者に対するわれわれの関係を構成しているのは、突然の方向転換を伴うこの運行である。いついかなるときにわれわれを観察しても、われわれは必ずこれら二つの態度のいずれかのうちにある。──しかしそのいずれの態度にも不満なのである(24)」。だが不満であるにしても、自他の人間関係は、相手の自由を奪い、相手を自分の客観にしてしまおうとする、不断の闘争関係でしかない。サルトルがしばしば口にするように、「他人は地獄」なのである。

自他の関係がこのように永遠の相克関係でしかないとすると、サルトルが『実存主義とは何か』で語っているような、自己と他者がそれぞれ主観もしくは主体として互いに他を認めあう「相互主体性」の世界は、成立不可能であろう。他者の自由を認めると言っても、『存在と無』での分析によると、それは自己が客観＝自己となって他者を主観＝他者と認めることであり、その場合には自己の自由は否定されてしまうことになる。とすれば、サルトルの言う自己創造も、結局は孤独な自己による孤独な自己の創造にとどまらざるをえないであろう。それがはたして、倫理的に善であろうか。

他者への顧慮

では、ハイデッガーは、自他の相互関係をどのように捉えているのであろうか。『存在と時間』によると、手許にある道具が自己の「配慮（独 Besorgen）」の対象となるように、他者もまた自己の「顧慮（独 Fürsorge）」の対象となる。他者に対する顧慮には両極端があって、その一つは、他者に尽力し、他者の配慮を自らの配慮として引き受け、それによって他者を支配するといった顧慮であり、いま一つは、実存の在り方について他者に手本を示し、他者をして彼自身の本来的な実存へと解放するといった顧慮である。(25) 日常の自他の相互関係は、この「尽力し支配する顧慮」と「手本を示し解放する顧慮」との間にあってさまざまな形を示すが、他方そこには、互いに素通りしたり、心にかけあわないといった、「顧慮の欠如様態」も見いだされる。と言うよりは、むしろこうした「欠如とか無関心の様態こそが、日常的で平均的な相互存在を性格づけている」のである。(26) さらにまた、日常性においては、他者と自己の違いが気になることがあるが、それは自己と他者の区別を均すためであったり、自分の遅れを取り戻すためであったり、他者に優先して相手を押さえつけたりするためにである。(27) つまりこれらは一括して、非本来的な実存が他者に対して払う顧慮の在り方だと言えるであろう。

一方、ハイデッガーは、先にあげた顧慮の二つの積極的様態のうち、「手本を示し解放する顧慮」の方を、本来的実存にふさわしい顧慮の在り方と考える。本来的に実存するのは、単独化された自己であるが、しかしこの単独化は、「現存在を宙に浮いた自我へと孤立化する」のではない。自己は決意性のうちにあって、手本を示し解放する顧慮を通じて、

「共存在している他者たちを彼らのもっとも固有な存在可能において〈存在〉させる」のであり、そうした形で、「他者の〈良心〉となる」ことができる。つまり「決意性という本来的な自己存在から、はじめて本来的な相互関係が発現する」のである。(28)

ハイデッガーはこのように語るが、しかしサルトルの場合に、自己の自由な創造がなぜ他者の自由を条件としなければならないかが明らかでないように、ハイデッガーの場合も、単独化された自己が他者に対してなぜこのような顧慮を払うようになるのかは明らかでない。また他者に対する本来的顧慮は、別段自己が本来的に実存しうるための条件として考えられているわけでもない。そうだとすれば、ハイデッガーの場合にも、単独化された本来的実存は、ハイデッガーの言明にもかかわらず、やはり孤独な実存にとどまらざるをえないのではなかろうか。サルトルの自由な自己創造と同じように、こうした本来的な実存の在り方がただちに倫理的に善と言えるかどうかということも、問題として残るであろう。

第11章　人「間」と倫理

1　回顧と展望

自然主義・歴史主義・実存主義に共通する問題点

第1章で、倫理学は、「人間とはなにか」とたずねるが、そこでたずねられているのは「人間らしさ」としての人間性である、と述べた。「人間らしさ」としての人間性は、人間すべてに共通にそなわるとされる「人間の本性」としての人間性からは区別される。「人間らしさ」としての人間性は、「人間の本性」としての人間性のように、人間の存在についての規定ではなくて、人間の善さにかかわる倫理的な価値規定である。それはわれわれが、人間の行為や性格について倫理的善悪の判定を下す際の基準を提供する。倫理学が求めているのは、こうした倫理的善悪判定の基準となる「人間らしさ」としての人間性なのである。

だがこれまで見てきたように、自然主義や歴史主義や実存主義の倫理は、いずれも「人間の本性」にまず注目し、それとの関連で「人間らしさ」としての人間性を規定しようとする。自然主義は、人間の普遍的自然本性の存在を前提として、そこから「人間らしさ」としての人間性を導き出し、いつの時代にも妥当する普遍道徳が存在すると主張する。歴史主義は、人間性は歴史的に変化するとして、普遍道徳の存在を認めず、道徳の歴史的相対性を主張する。実存主義もまた、人間の普遍的本性とともに普遍道徳の存在を否定するが、しかし人間にあっては個別的な実存が本質に先立つということを手掛かりとして、そこから単独化された本来的実存や、実存の自由な自己創造ということのうちに人間のあるべき姿を見いだそうとする。つまり自然主義も歴史主義も実存主義も、個人に人間の普遍的本性がそなわるかどうかにこだわり、それを肯定したり否定したりしながら、「人間らしさ」の所在を探ろうとしているが、ところで「人間らしさ」の所在を発見するのに、こうした回り道ははたして必要なのであろうか。回り道をとったために、かえって「人間らしさ」の所在を見失うということもあるのではなかろうか。こうした回り道をとらずに、つまり人間に共通な普遍的本性が個々人にそなわるかどうかを問題としないで、「人間らしさ」をいわば直接に探し求める道はないであろうか。

人間の実存条件という考え

ここでふたたびスターンを取り上げよう。スターンは、一切の価値が歴史的相対的であるとする歴史主義の考えには限界があるとして、いつの時代にもすべての人々によって認められてきた一つの事実があることに注目する。それは、「人間は自分の生存を意識している存在であり、世界の内に生き、生存を保つためには行動しなければならないという事実」であって、具体的には、「人間は愛し憎み、子を生み、病気にかかり、苦悩し、苦悩から逃れようと努め、自分がやがて死すべきことを知っており、死を恐れ、そしてついには死ぬ、という事実」である。スターンは、歴史上のすべての個人に見いだされるこの事実を、「歴史における唯一の定数」と見る。つまりこの事実は、いつの時代にも人間を制約している「人間の実存条件」であって、これは「諸文化やその発展の程度の差異にかかわらないし、またすべての社会的な環境条件にもかかわらない」条件である。そしてここに、一切の価値を相対化する歴史主義の堅塁を破る突破口が見いだされる、とされるのである。(1)

あらゆる個人が自らのこの実存条件を認めてきたという事実は、スターンによると、「すべての文化、すべての歴史的時代、すべての社会環境のあらゆる人間に共通な、ある基本的な価値観」が存在することを示唆しているのであって、「この価値観の共通点」は、「すべての人間が生命と健康に積極的価値を認め、苦悩と死に否定的価値を認めている」ということである。スターンは、「実存的価値」とよぶこの価値を、それ自身のために肯定される「固有価値」と見る。[2] この固有価値を保持するために、なにが適切な手段とされるかは、歴史的に変化するであろう。しかし「生命と健康が積極的な価値で、苦悩と死が否定的な価値であり、そして人生は最小限の苦悩と最大限の衝動満足をもって生きられるべきであるという要請」は、「超歴史的な要請」であって、この要請こそが、「実存にかんするすべての価値の規範として働く」当のものなのである。[3]

基本的価値と人間的倫理

そこでスターンは、この人間の実存条件をみたし、「あまり多くの苦しみなしに生きようという投企によって制約されている一つの倫理」を、「基本的な普遍的な人間的倫理」として提出する。この倫理は、「人間とその生命の積極的価値を要請する」倫理であって、それをスターンは古代のセネカにならい、「人間は人間にとって神聖である」と定式化する。「人間の生命と健康、および地上におけるこれらのものの存続に必要な客観的諸条件に対する攻撃」は、「唯一の超歴史的価値」に加えられた侵害である。そこでわれわれは、

「人命の神聖さに対するすべての侵犯、すべての殺人、すべての残虐行為、人間に故意に加えられた苦痛を、これらの非行がいかなる歴史的時期において行われたにせよ、われわれの超歴史的な、基本的な人間的倫理の名において断罪する」ことができる。(4) スターンによると、この人間的倫理は、「個々人が自分の生命と健康をいっそう高い理想の犠牲に供するということを否定するわけではない」が、しかしそれはあくまでも自分の生命と健康に限られるべきであって、「なにびとも、自分の理想のために、他の人々の生命と健康を犠牲にする権利はない」のである。さらにスターンは、次のようにも語っている。生命と健康は、人間の基本的な価値であるが、しかしこのことは、それらが人間の「最高の価値」であるということではない。生命と健康はいわば「より強い価値」で、歴史に登場するさまざまな「より高い価値」の「実存的基礎」をなしている価値である。したがって、「普遍的な人間的倫理がわれわれに提供するものは、倫理的な最低限度にすぎないが、それにしてもそれは基本的な条件」なのである。(5)

2　人「間」としての人間

スターンに対する批判

これまで見てきたように、スターンは、まず人間の基本的な実存条件として、「愛し憎み、子を生み、病気にかかり、苦悩し、苦悩から逃れようと努め、自分がやがて死すべきことを知っており、死を恐れ、そしてついには死ぬ」という事実に注目し、そこから誰もが生命と健康に積極的価値を認め、苦悩と死に否定的価値を置くとして、この積極的価値を尊重する「人間的倫理」こそが基本的で普遍的な倫理である、と考えた。つまりスターンは、歴史的に変化しない普遍道徳を、自然主義のように人間の普遍的本性からではなく、いつの時代にも見いだされる人間の普遍的な実存条件から導き出し、これによって歴史的相対主義の克服を図ったのである。だがそれにしても、スターンのこの見方には、一つの重大な欠陥がある。それは、スターンが人間の実存条件とよぶものが、個人の生存をめぐる個人的条件に限定されていて、人間の各個人がつねに他者とともに存在するということを、この条件のうちに加えていないことである。個人は、自分一人で生きるのではなく、いつの時代にも他の個人とともに存在し、他の個人となんらかの形でかかわりあいながら生存する。そしてこれこそが、人間が生きていく上でのもっとも基本的な、歴史を超えた普遍的条件なのである。

スターンが個人の実存条件としてあげている「愛し憎む」ということも、実はすでに自己が他者とともに存在することを明かしている。われわれの愛憎はまずもって他者に向けられているのであり、われわれは他者を愛し、他者を憎むのである。「子を生む」ということも、すでに異性の他者の存在を前提している。「苦悩」には、まったく個人的な身体的苦痛に対する苦悩も含まれるであろうが、しかし人間の心の苦悩の多くは、人間が他者とともに存在することから生じる。「病気」には身体の病気のほかに、心の苦悩から生じる心の病気もある。他者が存在しなければ、こうした苦悩はあらかた消失するであろう。「死」は一見まったく個人的な出来事のように見えるが、しかし自己の死が他者との永久の別れであることを思えば、これも実は他者の存在と無関係ではない。自殺は、自らすんで他者とのかかわりを永久に断ち切る行為と見ることもできる。またわれわれが自らの死を恐れるのも、多くは他者の死に直面した経験をもつからである。このように見てくると、人間がつねに他者とともに存在するということは、スターンがあげた個人の実存条件をも制約している、もっとも基本的な人間存在の条件と言えるであろう。

スターンの説でさらに問題なのは、生命や健康が積極的価値をもつことを認めるとしても、このことだけを手掛かりとして、そこから「人間は人間にとって神聖である」とする「人間的倫理」を引き出すことができるであろうか、ということである。スターンは、一方では、個人が自己の生命や健康を「いっそう高い理想」のために犠牲に供することがあるのを認めるが、しかし他方では、自己の理想のために他者の生命や健康を犠牲にすることを認めない。たしかにわれわれも、他者の生命や健康を故意に損なう人の行為を倫理的に悪と判定するし、自己の理想に殉ずる場合はともかくとして、危急に面した他者のために自己の生命や健康を犠牲にする人を、倫理的に善いと称賛する。だが自己と他者に対するこのような態度の違いと、それにともなう倫理的評価の違いは、たんに生命や健康がそれぞれの人にとって積極的価値をもつということだけからは解明できない。この問題は、人間が他者とともに存在し、他者とのかかわりのうちで生きるという、人間の基本的条件にまでさかのぼらなければ、解決できない問題なのである。

人「間」としての人間

そこでこれから先は、この人間の基本的条件に注目して、そこから倫理を考えていくことにしよう。したがって、すべての人間に共通な普遍的自然本性が存在するかどうか、人間の在り方を歴史的相対的に規定するものがあるかどうか、人間各自の実存がどのような構造をもつか、こうした問題はすべて視野の外に置くことにする。それらがどのような形で捉えられようと、人間はいつの時代にも他者とともに存在し、他者とのかかわりのうちで生きている。人間はつねに人と人との間にある存在であり、その意味で、人「間」である。人間が人「間」であること、これが人間の基本的条件である。

「人間」という日本語について、辞書(『広辞苑』)を引くと、まず第一に、「人の住む所。世の中。世間。じんかん。」とあり、第二に、「(社会的存在として人格を中心に考えた)ひと。また、その全体。」とあり、第三に、「人物。人がら。」とある。また日本語の古い用法をも示す辞典(『岩波古語辞典』)によると、「人間」はまず第一に、仏教用語として、「人間界」すなわち人間が住むこの世を指していた。つまり日本語の「人間」は、個人を指すのに先立って、個人がそのなかに生きている「人間界」もしくは「世の中」を指すとされるのである。和辻哲郎(一八八九―一九六〇)も、このことを、『人間の学としての倫理学』(一九三四)のなかで指摘している。和辻によると、中国の古典では、「人間」は明らかに「人間社会」を指している。しかし漢訳仏典を通じて、「人間社会を意味する「人間」という言葉が、「人」の意に転用せらるるに至った」のである。(6) もっとも和辻の考えでは、これはすでに「人間」という言葉のうちに「人」の意味が含まれていたからであって、そこで和辻は、「人間とは「世の中」自身であると共にまた世の中における「人」である」と規定する。[7] 和辻はまた別の箇所で、「人が自であり他であるのは、すでに人の間の関係に基づいている」とし、「人間関係が限定せられることによって、自が生じ他が生ずる」とする。「「人」が他でありまた自であるということは、それが「人間」の限定であるということに他ならない」のである。[8]

和辻倫理学については、第14章で改めてその内容を検討することにして、ここでは「人間界」や「世の中」という古義から離れ、「人間」をどこまでも「人と人との間」として捉えることにしよう。個々の人は、「人と人との間」である「人「間」」にあることによって、人間である。とは言え、このことは、まず自己が人として存在し、次いで自己が他の人すなわち他者との間に入ることによってはじめて人間になる、ということではない。そうではなくて、和辻の言葉を借りると、まず「人間関係」が存在し、それが「限定される」ことによって「自が生じ他が生ずる」のである。自己が自己であり、私が私であるのは、他者、つまり私ではない汝との「間」においてであり、自己の在り方もこの「間」によって規定されている、ということである。自己と他者は、その意味で、どちらかが先に存在するのではなく、「間」を挟んでいわば同時的に、等根源的に、存在するのである。

だが西洋の哲学や倫理学は、近世のデカルトの「われ思うゆえにわれあり」にはじまって、人間をもっぱら自己もしくは「私」として捉えてきた。たとえ自他に共通する人間の普遍的精神というものが考えられるとしても、それはすでに自己のうちに住まうものとして捉えられ、自己の精神とこの普遍的精神とは、ただちに同一視されることになる。こうした考えに対して、鋭い批判の目を向けたのが、一九世紀ドイツの哲学者フォイエルバッハ（一八〇四―一八七二）であった。フォイエルバッハは、それまでの近世的な哲学的思考が「自我」すなわち「私」を中心としていて、他者である「汝」の存在を重視していなかったことを批判し、人間を自己と他者、私と汝の統一として理解しようと試みるのである。

3　フォイエルバッハの考え

「私」と「汝」を区別する立場

フォイエルバッハは、『将来の哲学の根本命題』（一八四三）という著作のなかで、ヘーゲルにいたる思弁的な近世哲学の歩みを批判し、それに代わるべき「将来の哲学」を提唱する。この「新しい哲学」は、「人間の土台としての自然をも含めた人間を、哲学の唯一の、普遍的な、最高の対象とする」「人間学」であって、[9] しかもそれは、人間を「私」と「汝」に区別する立場に立脚した哲学である。[10] ヘーゲルは「弁証法」という方法を用いたが、フォイエルバッハに言わせると、「真の弁証法」は、ヘーゲルに見られるような「孤独な思考者の自己自身との独話」ではなく、「「私」と「汝」の間の対話」でなければならない(11)。またフォイエルバッハによると、「自己だけで存在する単独な人間」は、自らのうちに「人間の本質」をそなえていない。「人間の本質は、ただ共同体のうちにのみ、人間と人間との統一のうちにのみ、含まれている」のであり、しかもこの統一は、「「私」と「汝」の区別の実在性」にのみ基づいた統一である(12)。つまりフォイエルバッハの哲学は、まず「私」と「汝」をそれぞれ独立した個として区別し、その区別に立脚しつつ、そこから改めて両者の統一のうちに類としての人間の本質を求めていく哲学であった、と言えるであろう。

フォイエルバッハがヘーゲルの弁証法を「孤独な思考者の自己自身との独話」と見たのは、ヘーゲルの著作において、ヘーゲル個人の思考が絶対的なものとして体系化され、論述されているからである。だがフォイエルバッハの考えでは、個人の思考作用そのものと、その論証や論述とは、区別されなければならない。たしかに、私が思考するとき、他人は私に代わって思考することはできない。しかし私が私の思考したことを真実であると論証してみせるのは、私に対してではなく、私の思想を理解してくれる他人に対してである。つまり私が論証を試みるのは、「私の思想がたんに私のものだけではなくて思想それ自体であり、したがって私のものであると同時に他人の思想でもありうること」を確証するためにである。「論証」とは、「私のものである限りでの私の思考と、他人のものである限りでの他人の思考との間の、言語による媒介」であって、[13]これがフォイエルバッハの言う「「私」と「汝」の間の対話」なのである。

フォイエルバッハはまた、主として科学的知識を念頭に置きながら、個人の知的能力が有限であることを指摘する。「自然科学の領域」は、「個々の人間にはまったく見渡すことのできない、はかり知れないもの」である。だが「個々の人間が知ることができず、なすことができないことも、人間が協同すれば知ることができ、なすことができる」。[14]個人の能力は有限であるとしても、それらが結合された人類の能力は無限である。人間にあっては、「類は制限されてはいず、ただ個人のみが制限されている」のである。[15]フォイエルバッハが『キリスト教の本質』（一八四一）という著書で展開したキリスト教批判は、このことを踏まえた上での批判である。すなわちフォイエルバッハによると、キリスト教は、孤立した個の立場に立ち、個と類とを無差別な統一において捉えるから、個の有限性がただちに類の有限性とされ、そこから本来は人類の所有する無限の力が人間から疎外され、人間とは異なる「神」に帰せられることになる。神とは、個体化され、人格化された、人間の類概念にほかならない。[16]キリスト教徒は、このようにして立てられた無限な神にすがり、それによって自らの不足を補ってもらおうとする。だがフォイエルバッハによると、このことによってかえって人間の個と個、「私」と「汝」の結びつきは引き裂かれ、人間の個と個の統一において成り立つ「人類」は、見失われてしまうのである。

感覚と個別的存在

では、フォイエルバッハは、哲学の伝統的な問題である「存在」については、どのように考えるのであろうか。フォイエルバッハによると、ヘーゲルが考える「存在」は、「古い形而上学の存在」であって、それは「あらゆる事物について区別なしに述べられる」存在である。だが「この区別のない存在」は、「抽象的な思想」であって、「存在」とはもともと、「存在している事物と同じくさまざま」である。(17) 思弁哲学が主張する「思考と存在との同一性」は、実は「思考」と「思考された抽象的存在」との同一性にすぎず、その限りでそれは結局「思考と思考自身との同一性」にすぎない。(18) だが存在が、存在している事物と同じく多様であるということは、存在が、この樹、この机、この人、というように、現実的で個別的な存在である、ということである。こうした現実的個別的存在は、もはや思考によって捉えられることはできない。そこでフォイエルバッハは、こうした現実的個別的存在は、抽象的な思考によってではなく、「感覚」によってのみ捉えられる、とする。

この点で、フォイエルバッハは、いわゆる感覚主義の立場に立つのである。

とは言え、このことは、私が感覚するものだけが存在する、ということではない。そうではなくて、フォイエルバッハは、あるものが現実に存在すると言えるためには、そのものを私だけではなく、私以外の他人、すなわち「汝」も感覚することができなければならない、と考える。「私にとっても他人にとっても同時に存在するもの、それについて私と他人とが一致するもの、私だけのものではないもの、ただこのようなものだけが存在する」のである。[19] そこでまた、「他の事物が私の外に存在するという確実性は、私にとって、他の人間が私の外に存在するという確実性によって媒介されていることになる。[20] これをさらに一般化して言えば、「世界の意識は、「私」にとって、「汝」の意識によって媒介されている」のであり、[21]「感覚世界の真理は、「汝」の真理によって媒介され、保証されている」のである。[22] つまりフォイエルバッハの感覚主義は、他者を「私」とは異なった独立の主体である「汝」として認め、このことをあらかじめ前提とする感覚主義である。そこでフォイエルバッハは、「観念論的自我」に固執して「汝」の存在を認めない「主我主義（独 Egoismus）」に対して、自分の立場は「人間主義（独 Humanismus, Anthropologismus）」である、と宣言するのである。[23]

愛と倫理

だがここでさらに注意しなければならないが、フォイエルバッハの言う「感覚」は、通常われわれが理解している感覚能力、つまり外界からの刺激に機械的に反応するだけの受動的な感覚能力ではない。フォイエルバッハの「感覚」は、あるものを現実的個別的なものとして、その個別性において捉える能力であり、その限りでむしろ積極的な、能動的な働きをもつ能力である。「感覚」のもつこの能動的な働きを、フォイエルバッハは、「愛」として捉えた。あるものを個別的なものとして感覚するとは、そのものを個別的なものとして愛することであり、愛を通じてそのものに固有な絶対的価値を認めることである。真に存在と言える存在は、「感官の、直観の、感覚の、愛の対象」であり、「感覚においてのみ、愛においてのみ、「このもの」――この人、この物――すなわち個別的なものは、絶対的価値をもつ」のである。[24]「存在の秘密」は「抽象的思考のうちでではなく、ただ愛のうちでのみ開かれる」のであり、「古い哲学」が「思考されえないものは存在しない」と主張したのに対し、「新しい哲学」は、「愛されえないものは存在しない」と主張するのである。[25]

愛の対象となる個別的存在は、たんに事物的な「この物」だけではなく、むしろとりわけて人間であり、「この人」である。私がある人間をその独自な個別的存在において捉えようとするならば、その人間を愛さなければならない。「愛する者だけが愛される者の真の本質を眼にし、手にする」ことができる。[26] 一般的に言って、「人間のもっとも重要な、本質的な感覚対象」は「人間自身」であって、[27]「真の愛の対象のみが人間の真の本質をはじめてあらわにする」のである。[28] 愛は、人間と人間との統一、しかも個別的な人間相互の、すなわち「私」と「汝」の統一であって、そこにこそ「人間の本質」がある。『キリスト教の本質』から引用しよう。「人間の本質は一であるが、しかしこの本質は無限である。それゆえ、この本質の現実存在は、本質の富を開示するために相互に補足しあう無限の多様性である。本質における単一性は、現存の多様性である。私と他人との間には、本質的な、質的な区別がある。他人は私の汝であるし、開かれた私の内面である。私は、他人に即してはじめて人間性の意識をもつ。私は、他人を通じてはじめて私が「人間」であることを経験し、感知する。他人に対する愛においてはじめて他人が私に属しており、私が他人に属していることが、われわれ二人は互いに他を欠いては存在しえないことが、ただ共同性のみが人間性を形成することが、私に明らかになる[29]」。

フォイエルバッハによると、こうした愛こそが唯一の倫理的善であり、これに対して唯一の倫理的悪は、「汝」の存在を否定する「エゴイズム」すなわち「主我主義」である。[30]
倫理的善悪は、このように自他の間のうちでのみ生ずるのであり、したがって「道徳はただ「私」と「汝」との結合からのみ、導き出され、説明されることができる」のである。[31]晩年のフォイエルバッハは、幸福主義を説き、「道徳の原理」を「幸福」に置いたが、しかしこの幸福は「「私」と「汝」とを包括する幸福」であって、[32]ここでも「私」と「汝」の区別と統一という考えは貫かれていると言えるであろう。フォイエルバッハの「人間主義」から帰結する倫理は、愛による個別的人間の結合を目指したヒューマニズムの倫理であった。

第12章 「私と汝」のその後の展開

I ブーバーの『私と汝』

二つの根源語「私―汝」と「私―それ」

ウィーン生まれのユダヤ教思想家ブーバー(一八七八―一九六五)は、キリスト教神学者のハイム(一八七四―一九五八)が、一九三〇年に発表した論文のなかで、フォイエルバッハによる「汝の発見」が「観念論の自我=発見」に匹敵する「根元的な出来事」であり、「デカルトによって創始された近代哲学の限界を超え、ヨーロッパ思想の第二の出発点へと導くに違いない」と語っていることを伝えている。(1) 実際、人間をデカルト的な「自我」とか個別的な精神としてではなく、人「間」として、「私と汝」という視点から捉えようとする気運は、第一次世界大戦後のヨーロッパにおいて急速に拡まった。ブーバーの

『私と汝』（一九二三）は、そのきっかけを与えた書物と言ってよいが、ではブーバーはこの書物で、どのような角度からこの問題に迫ったのであろうか。

ブーバーはまず、世界に対する人間の態度は、人間が語る「根源語（独 Grundwort）」によって決まる、と考える。つまり根源語が語られることによって、それを語る人間と、その人間が向かう世界の在り方が決まるが、この根源語は、単独の語ではなく、対になった語であって、その一つは、一人称と二人称の組み合わせからなる「私―汝」という根源語であり、いま一つは、一人称と三人称からなる「私―それ（彼、彼女）」という根源語である。根源語「私―汝」によって私があるものに「汝」と呼びかけることと、根源語「私―それ」を語りながら私があるものを「それ」として捉えることとの間には、根本的な違いがある。これは「私」と世界の双方の側について言えることであって、根源語「私―汝」を語る私と、根源語「私―それ」を語る私とはまったく異なった存在であり、それに対応する世界もまったく異なった世界である。なお「私」にかんして言えば、「汝」や「それ」といった対を欠いた「私それ自体」なるものは、存在しない(2)。

経験の世界と関係の世界

根源語「私―それ」が語られることによって開かれる世界は、時間空間のうちで連続し、因果法則によって規定された「経験の世界」であって、私はその際、他者から切り離された「個我」として立ち現れる。個我は、他者をも含めたすべてを「それ」として経験し、また「それ」として利用する主体である。(3)これに対して、私は、私の全存在を傾けて根源語「私—汝」を語ることによって、私と汝との間に「関係の世界」を樹立する。「私」と「それ」との間には成立しない、この絶対的で他と隔絶した「私—汝」の関係のなかで、「汝」は時空から解放された「継ぎ目のない」存在として立ち現れる。言い換えれば、「汝」は、「それ」のように私の向こう側に立つ「対象(独 Gegenstand)」としてではなく、私に向かいあった「現存(独 Gegenwart)」として立ち現れる。その場合の「私」はもはや「個我」ではなく、「人格」であり、人格としての「私」は、「汝」との関係を通じて、はじめて現実に「関与」する。「関与が生じないところには、いかなる現実もない。関与は、汝との触れ合いが直接的であればあるほど、ますます完全になる。私が現実的になるのは、このような現実に関与することによってである。関与が完全であればあるほど、私はそれだけますます現実的になる(4)」。

ブーバーによると、私は他の人間に対してだけではなく、一匹の猫や、一本の樹に対しても、「汝」と呼びかけることができる。私が一本の樹に面して、それを植物学の立場から観察したり、材木として役立つかどうかを調べたりしている場合は、私は根源語「私—

それ」を語り、その樹を「それ」として捉えていることになる。しかしたとえば、私がその樹の蔭に憩い、その樹に親愛の情を込めて「汝」と語りかける場合は、私とその樹との間に「関係の世界」が成り立っている。(5) とは言え、ブーバーが、「私と汝は互いに自由な存在として向かいあい、相互作用のうちに立つ」と語るとき、(6) そこでは主として人間相互の「私と汝」の関係が考えられていると見るべきであろう。ブーバーの「関係の世界」は、やはり人間相互の「私と汝」の関係を基本とし、それを原型とする世界なのである。

「汝」と「永遠の汝」

ブーバーは、「人間の間柄の諸要素」(一九五三)という小論文で、「私―汝」関係を「真の対話的関係」とよび、「真の対話的関係が成立するための主要前提は、各人が自分の相手をこの人間として、まさにこの人間として、考えることである」と語る。私はその際、「相手が私とは違うことを、しかも本質的に違うことを、この特定な、その者に固有な一回的な在り方で私と本質的に違うことを覚知する」のであり、「そこで私は、私の言葉をまったき真剣さをもって、その者に、まさにその者としてのその者に、向けることができる」のである。(7) しかも私がこのような形で相手に「汝」と語りかけるとき、「汝」の側からも同時に「私に向かってなにかが語りかけ」、「私に向かって応答を求める言葉が生じる」のであって、そこで「私がその応答を自らに引き受ける」ことが必要になる。[8]「私―汝」関係は、私からの汝に対する応答という働きをまって、はじめて実現する。「人間は、自らの全存在をもって関係のうちへ歩み入るとき、汝に応答できる」のである。[9]他者に対する「責任」ということも、この他者に対する「応答」のうちにある。[10]ちなみに、「責任」に当たる英語の responsibility や、ドイツ語の Verantwortung は、いずれも「応答」を意味する英語の response や、ドイツ語の Antwort に由来する語である。

人間に対する愛も、このような視点から理解されなければならない。ブーバーによると、愛はたんなる「感情」ではない。感情は人間が「所有」し、「人間のうちに住まう」が、愛は「生起」し、「人間が自らの愛のうちに住まう」のである。さらに言えば、「愛は「私」と「汝」の間において存在する」のであって、「このことを知らない者は、たとえその者が自分の体験し、経験し、享受し、表出する感情を愛に数えようとも、愛を知ってはいない」ことになる。[11]と言うのも、「汝」に対する愛は、その根本において、「汝」に対する「私」の責任」であるからである。[12]愛は「汝」に対する「私」の全存在を傾けての応答であり、こうした応答―責任のないところには、愛もまた存在しない。

前章で見たように、フォイエルバッハは、「私」と「汝」とをそれぞれ個別的なものとしてはっきり区別し、個別的な他者としての「汝」の存在は、愛によってのみ確証されるとした。この点で、ブーバーの「私―汝」関係は、フォイエルバッハのそれにきわめて近いと言えるであろう。しかしブーバーは、フォイエルバッハとは違い、「私―汝」関係の世界を統べているものとして、さらに「永遠の汝」という神的な存在を導入する。ブーバーによると、「もろもろの関係の延長線は、永遠の汝において交わる」のであり、「それぞれの個々の汝は、永遠の汝を見通す窓」である。「それぞれの個々の汝を通じて、根源語は永遠の汝へと語りかける」のである。(13) この世界のうちで私に「汝」として立ち現れてくるものは、いずれもふたたび「それ」へと転化する運命にさらされている。(14)「永遠の汝」のみが、決して「それ」へと転化することのない「汝」であり、個々の「私―汝」関係が成就するかしないかも、究極においては、この「仲介者」としての「永遠の汝」にかかっている。「汝が私に出会うのは、恩寵によってである」とされるのも、(15) そのためである。この「永遠の汝」は、ブーバーの場合、ユダヤ教の神であると見てよいであろう。フォイエルバッハは、キリスト教の神を人間の類概念に還元したが、ブーバーは「私」と「汝」の統一の根拠を、ふたたび神のうちに求めたのである。

2　実存主義と「汝」

「汝」の不在

実存主義を扱った第10章では、ハイデッガーとサルトルの考えに注目した。ハイデッガーは、非本来的な実存相互の関係についてはかなり詳しく分析しているが、しかし本来的実存相互の関係についてはほとんど語っていない。ブーバーが、ハイデッガーの言う本来的実存は、「現実に他の人間とともに生きている人間」ではなく、「現実の生を自己自身とのかかわりのうちでしか知らない人間」であり、それは他者に対して開かれていない「閉じたシステム」であると批判するのも、そのためである。[16] またサルトルが『存在と無』で示した人間関係は、互いに他者を自分の客観に閉じ込めようとする関係であり、これはブーバーの言葉を借りれば、「私―それ」の関係であって、「私―汝」の関係ではない。ムーニエ（一九〇五―一九五〇）の批判によると、「サルトルは対他存在というものを、ただ己の妨げとなるもの、安寧を奪うもの、人を隷属させるものというふうに考え、これ以外のものとは考えていない」のである。[17] つまりハイデッガーにおいても、サルトルにおいても、「汝」としての他者は不在である。

マルセルの「相互主体性」

だが実存主義の立場に立つ人のなかでも、「私—汝」関係を重視し、「私」の実存が「汝」の実存の承認をまってはじめて成立すると考える人もいる。マルセル（一八八九—一九七三）もその一人であって、マルセルがのちに語るところによれば、ブーバーが『私と汝』を執筆していたのとほぼ同時期に、マルセルはマルセルで、「「汝」の特殊な現実性を発見した」のである。[18] これは、マルセルの『存在と所有』（一九三四）にある「形而上学的日記」のなかの、一九三二年一一月一一日の日付がある箇所を指すのであろう。この箇所でマルセルは、他人の実在性をどのように考えたらよいかを問題にする。もし私が、デカルトのように、私がまず自我意識として実在すると考え、他人はこの自我意識に与えられた表象であり、私の観念にすぎないと考えるならば、私は決して他人の実在性に到達することはできない。その場合には、私はいわば私の廻りに柵をめぐらし、他人をその向こう側に追放することになる。したがって「この観点からすれば、私にとって他人と交わりをもつことは不可能であるし、それどころか交わりという観念すらも不可能である」ことになる。その場合、私は、私の観念のうちに与えられた「他人の内主観的な現実性」を、「まったく神秘的で決して捉えることのできないXの出現」と見なすほかないのである。

しかしこのように考えるのが奇妙なことであるとすると、それは私が立てていた前提そのものが誤っていたからである。私は、はたしてまずもって孤立した自我意識として存在しているのであろうか。あるいはさらに言って、私が自らを自己として立てる働きが、私が他人の実在性を立てる働きに先行しているはずだと考えるのは、間違いではなかろうか。こうした反省を通じて、マルセルが到達した結論は、「私が実存するのは、私が自分自身を他人に対して存在するもの、他人との関係において存在するものとして扱う限りにおいてである」ということであった。[19] 私は、まず他人が実在することを認め、自己がそうした他人とかかわりあう存在であることを認めることによって、はじめて自己が実存することを自らに確証するのである。

では、他人の実在は、どのようにして認められるのであろうか。マルセルによると、私が他人を三人称の「彼（彼女）」として扱う場合は、他人は私にとって一個の対象でしかないが、しかし二人称の「汝」として扱う際は、他人は自由な存在として実在する。他人を自由な「汝」として遇し、さらに私の側からこの他人の自由に積極的に助力することが、他人の実在を認めるということである。マルセルはまた、「他人である限りでの他人が私に対して実存するのは、私がその他人に対して自分を開く（「彼」が「汝」となる）限りにおいてである」と語る。自我意識が自らの廻りに築く柵を撤廃すること、それが「他人に対して自分を開く」ことであり、他人を私の観念のうちに閉じ込めずに自由に存在させることなのである。[20]

マルセルはのちに、『存在の神秘』(一九五〇)のなかで、こうした「私―汝」の関係を、「相互主体性(仏 inter-subjectivité)」とか、「相互主体的結合(仏 nexus inter-subjectif)」とよんだ。存在とはなにかと問うためには、まず自我中心性を廃棄し、問う自己を相互主体性のうちへと置き入れなければならない。[21] もっとも、この相互主体性そのものは、それをなんらかの形で客観化し、対象として捉えることはできない。それはただわれわれによって、その存在が承認されるにとどまるのである。[22] だがしかし、マルセルの考えでは、「愛」も、「祈り」も、「犠牲」も、「具体的存在論の礎石」であるこの相互主体性を前提としなければ、その真義を解くことはできない。[23] 実際、相互主体性とは「愛そのもの以外のなにものでもない」[24]し、また「犠牲が正当化されたり、あるいはそれが考えられるということすら、ただ相互主体性を基礎とする存在論の視点からのみ可能」である。[25] そしてマルセルによると、「私(マルセル)がこれほどまでに相互主体性にこだわるのは、心の奥底にあるものの現存、すなわち存在論的なもののうちに深く根をはった一つの共同体の現存を強調したいという、まさにその理由から」である。[26] 一九二九年にカトリックに入信したマルセルが、相互主体性を通じて求めている「私―汝」の世界は、ブーバーのそれとは異なるにせよ、眼に見えぬ共同体としての神の国であると見てよいであろう。

ヤスパースの「実存的な交わり」

ハイデッガーとともにドイツの実存主義哲学を代表するヤスパースは、ハイデッガーとは違って、実存相互の間に成り立つ「実存的な交わり（独 existentielle Kommunikation）」の意義を重視する。ヤスパースによると、実存は単独では現実に実存することはできないのであって、「実存は、他の実存とともに、他の実存を通じてしかも他の実存とともに、自己それ自体となる場合にのみ、顕わになり、現実的になる」のである(27)。こうした実存間の交わりは、互いに代置不可能な個人の間においてのみ成立するのであり、それはそれで、そのつど一回的な性格を担っている。「交わりにおいて、他者はもっぱらにこの他者であり、唯一性ということが、他者の存在の実体性の現象である。実存的な交わりは、前もって形成したり後からなぞったりすることはできず、端的にそのつどの一回性において成就する」のである(28)。

ところでヤスパースの考えでは、実存的な交わりにおいては、私に対する他者もまた私を代置不可能なこの私として認め、そのことを通じて他者の自己自体に達するのでなければならない。「他者が他者自体であることを意志しなければ、私は私自体となることができない」し、「他者が自由でなければ、私は自由であることはできない」のであって、つまり「相互の承認において、はじめてわれわれは、双方ともに、われわれ自体にいたる」のである。[29] この実存的な交わりにおける相互承認は、ヤスパースによると、一種の闘争という形をとる。だがこの闘争は、権力や自己優越を目指す闘争とは異なって、権力意志を伴わない闘争であり、相手に対する愛を基盤とした「愛を伴った闘争（独 liebender Kampf）」である。したがってこの愛もまた、「眼の眩んだ愛」であってはならず、明徹な眼をそなえた「闘う愛」でなければならない。[30] あらゆる権力と優越感を排除し、徹底した公明さをもって、各実存に共通した実存の真理を追求する闘い、これがヤスパースの言う「愛を伴った闘争」であり、実存相互の間に交わされるべき本来の交わりであって、互いに代置不可能な実存は、この交わりを通じて、真の連帯性を獲得できるのである。

さて、ヤスパースもまた、ブーバーやマルセルと同じように、人間を超えた、一種の神的存在とも言える「超越者」の存在を認める。実存相互の連帯性は、この超越者とのかかわりのうちにある連帯性であって、そこでヤスパースは、次のように語る。「私と汝は、現存在においては分離しているが、超越者においては一つである。私と汝は、現存在においては行き会うことも行き違うこともないが、超越者においては闘う交わりの途上にあり、この交わりは冒険のうちで顕わとなり、確証される。この統一が存するところに、概念的にはもともと把握不可能であったものから、絶対的に思考不可能なものへの飛躍が生じるのである」[31]。ブーバーは、こうした超越者を「永遠の汝」とよんだが、しかしヤスパースは、超越者がただちに「汝」として人格化されることに、危懼《きく》の念を懐く。と言うのも、「人間が祈りにおいて神性へと向かうと、この神性はその人間に対して一つの汝となる」が、「こうした神性への交わりは、人間相互の交わりを阻止する傾向をもつ」からであり、「個々の生成する自己存在を欠いた眼の眩んだ共同体を樹立する」からである[32]。超越者の「人格」とか「汝」性が語られるとすれば、それはいわば超越者の「暗号」としてのみ意味をもつのであって、それを超越者においてただちに有体化してはならない、というのがヤスパースの考えである。この点で、ヤスパースは、人格化された人間の類概念である神を崇めることが、かえって真の人間関係を損なうと考えたフォイエルバッハと、ある意味で共通する面をもつと言えるであろう。

3 残された問題

「私—汝」関係と人間性

第11章で、われわれは、人間が他者とともに存在し、他者とのかかわりのうちで生きるということに、人間の基本的条件を認めた。人間は、なによりもまず、人と人との間にある存在として、人「間」である。人「間」としての人間の人間らしさも、この人と人との間の在り方にかかっている。人と人との間にあって、その「間」にふさわしい在り方をしている人間が、人「間」であるにふさわしい人間であり、人間らしい人間である。とすれば、これまで見てきた「私―汝」関係は、こうした人間らしさの所在を示唆しているのではなかろうか。「人間性」を明確に「私―汝」関係として規定したのが、プロテスタント神学者のバルト(一八八六―一九六八)であった。

バルトは、『教会教義学』(一九三二―一九五三)のなかで、「人間性(独 Menschlichkeit, Humanität)とはなにか」という問いを立て、これに対して、「各人の人間性は、各人の存在が、他の人間と共なる存在(独 Zusammensein)として規定されていることのうちにある」と答える。人間は、「二人的な孤独においてではなく、二人的な対偶においてこそ、具体的に人間的」である。[33] バルトはそこからさらに、この二人的な対偶が「私」と「汝」の「出会い(独 Begegnung)」であることを示し、「人間性とは、われわれの存在が、他の人間との出会いにおいてある存在として規定されていることである」とする。「汝がありつつ、私がある(独 Ich bin, indem Du bist.)」というのが、この出会いを示す「基本方式」である。[34]

バルトはそこで、この出会いを、まず「眼で見あう出会い」、次いで「互いに語り聞く出会い」、第三に「互いに助力しあう出会い」として捉え、それらを踏まえた上で、「人間性の秘義」について語る。人間性の秘義とは、簡単に言って、人間がいやいやながらにではなく、「心から喜んで」出会いに参入し、相手を見、相手に語りかけ、相手に助力する、ということにある。「人間性の基本形式」である「出会いにおける存在」は、「心から喜んで実現される存在」である。[35] 人間が自由であるということも、この「心から喜んで」ということのうちにある。「人間性とは、まさにこの人間の自由に基礎づけられた、まさにこの自由のなかで必然的な、人間と人間との相互共存の実現」なのである。[36]

「私—汝」関係と神

バルトが、人間が心から喜んで出会いに参入することを人間性の秘義とよぶのは、人間が神によってそのように創造されており、またなぜそのように創造されたかはもはや人知によっては解明できない、と考えるからである。では、神が存在しなければ、あるいは神の存在を信じない人間は、こうした人間性の秘義に達することはできないのであろうか。バルトは、「異教徒の孔子」や、「無神論者フォイエルバッハ」や、「ユダヤ人ブーバー」も、人間性にかんしてバルトとほとんど同じ見解に達したと見るが、しかしバルトはこの事実を、自分の主張が正しいということの「一つの間接証明」としてしか受けとめない。バルトは、はたして彼らが、「われわれの跡を追って」、人間性の秘義を「あの〈心から喜んで〉まで、人間性概念の根と冠としての、人間と人間との間の心の自由まで、追究したであろうか」と疑問を呈するのである。(37)

しかしわれわれは、バルトと違って、このように信条や宗教においてまったく異なっているにもかかわらず、彼らが期せずして一致して「私—汝」関係に人間の人間性を見いだしたという事実を、まさに事実として、重視すべきではなかろうか。「私—汝」関係は、私が他者を代置不可能な、一回的な「汝」として認め、他者をそうした「汝」として愛することによって成立する。とすれば、このような人間関係が成立するために、はたして神的存在の介入をまつ必要があるのであろうか。もしこの神的存在が、特定の宗教集団によって信仰される神であるとするならば、別の神を信仰する他の宗教集団に属する人々との間には、「私—汝」関係は成立しないことになろう。ともあれ、「私—汝」関係が成立するために神的存在の介入を必要とするかどうかは、残された問題として、後になお検討してみなければならない。

「私—汝」関係と社会共同体

「私—汝」関係をめぐるいま一つの問題は、それが日頃身近な人間相互の間でのみ生じる出来事であって、身近でもなく、ましてや対面する機会もない他者に対しては、「私—汝」関係は成立しないのではないか、という問題である。「私—汝」関係が、バルトの言うように、互いに眼で見あい、語り聞き、助力しあう出会いに基づくとすれば、それはやはり限られた範囲内で成立する人間関係ということになろう。またヤスパースが説く「私—汝」関係も、それが「愛を伴った闘争」であるとすれば、それは親しい友人関係のうちでは成立するが、それ以外の人との間では成立困難と見るべきではなかろうか。

人間関係が成立する場は、社会共同体として捉えることができるが、現実に存在している社会共同体には、成員相互が親密な関係にある共同体もあれば、そうではない共同体もある。テンニエス（一八五五—一九三六）の『共同社会と利益社会』（一八八七）は、今日では社会学の古典の一つに数えられているが、ここでテンニエスが「共同社会（独 Gemeinschaft）」とよぶのは、「血」と「場所」と「精神」のいずれかを媒体とする人間の結合体であって、これはそれぞれ血縁関係、隣人関係、友人関係によって代表される。こうした「自然的な結合体」に対立するのが、企業体などに代表される「利益社会（独 Gesellschaft）」であって、これは「人為的な結合体」である。テンニエスによれば、「共同社会は持続的な真実の共同生活であり、利益社会はたんに一時的な見せかけの共同生活にすぎない」のであって、(38)「人々は共同社会ではあらゆる分離にもかかわらず結合し続けているが、利益社会ではあらゆる結合にもかかわらず依然として分離し続ける」のである。(39)そこでもしテンニエスのこのような見方を採用すれば、「私―汝」関係は家族や隣人や友人との間では成立するが、会社組織といった「人為的な結合体」においては、成立不可能ということになろう。しかしはたしてそうであろうか。これもまた残された問題として検討してみなければならない。

第13章　役割関係と役割倫理

1　役割関係とペルソナ

人間の相互関係と役割

ハイデッガーに学んだレーヴィット（一八九七―一九七三）は、『共なる人間の役割のなかの個人（邦訳書名は『人間存在の倫理』）』（一九二八）という著書のなかで、フォイエルバッハの「私」と「汝」の区別を手掛かりとして、師ハイデッガーとは異なった視点から共同世界の分析を試みた。レーヴィットにとって、「共同世界」とは、ハイデッガーの場合のように、自他が共通に関与している自他共同の世界ではなく、自他がそこで相互にかかわりあいながら生きる「共なる人間（独　Mitmensch）」の世界である。[1]この共同世界のうちでは、自他はたんに並列して存在しているのではなく、相互に関係を結びながら存在する。レーヴィットが解明しようとするのは、われわれが日常の生活世界のなかで、互いにどのような相互関係を結びながら生きているのか、ということなのである。

そこでレーヴィットは、この共同世界内における自他の相互関係を、「役割（独 Rolle）」もしくは古来の意味での「ペルソナ（ラ persona）」の関係として捉える。先にあげた著書の「まえがき」によると、この著書のなかで分析の成果として示されることは、「人間の個人が〈ペルソナ〉という存在様式における個人であること、つまりもともと特定の共同世界的な〈役割〉において（たとえば、息子、すなわちその両親の息子として、夫、すなわち妻の夫として、父親、すなわち子供たちの父親として、さらにはまた学生、すなわちその教師の学生として、……等々）実存するということ」である。言い換えれば、「個人はそもそもその根底からしてその者自身において、それに対応する他者によって規定されている」のであり、形式的には、「汝の私」として、「可能な二人称の〈一人称〉における個人」として、規定されている。(2) つまりレーヴィットは、フォイエルバッハによって提起された人間の「私―汝」関係を、さしあたってまず、人間の役割関係として捉えるのである。

ペルソナ

レーヴィットがここで用いている「ペルソナ」という用語については、若干の説明が必要であろう。ラテン語の「ペルソナ」は、現在の英語の「パーソン（person）」や、ドイツ語の「ペルゾーン（Person）」の元になる語であるが、中世の哲学では、たとえばボエティウス（四八〇―五二四）によって、「理性的本性をもつ個的実体」という定義が与えられた。つまり日本語で「人格」と訳されるものがそれで、近世に入ると、たとえばロックによって、「パーソン」は「理知と反省とをもち、自分自身を自分自身と考えることのできる、思考する知的存在」と規定され、(3)またカントでは、「ペルゾーン」は「道徳的実践的理性の主体」を指す語として用いられた。(4)つまり西洋の哲学の伝統のなかでは、「ペルソナ」は主として、個人の個的な「人格」を指す語として用いられてきたのである。

しかし「ペルソナ」というラテン語は、もともとは演劇に用いられる「仮面」に由来する語であって、「ペルソナ」はそこからさらに、舞台上の「登場人物」や、その登場人物が演じる「配役」つまり「役割」を指すようになる。そしてついには、今日の英語の「パーソン」に見られるように、演劇とは無関係に「人」そのものを指す語として用いられるようになるのである。レーヴィットが役割のなかにある個人を「ペルソナ」と規定したのは、この語のこうした古い用法によるのであって、(5)ちなみに、英語の role や、ドイツ語の Rolle が「役割」を指すのは、「役者のせりふを書いた巻物」に由来するとされている。

間柄としての役割

役割関係とは、先に見たように、具体的には、父と子、夫と妻、教師と学生といった関係である。共同世界という舞台の上で、ある人物は、子に対しては父としてふるまい、妻に対しては夫としてふるまい、学生に対しては教師としてふるまうことになる。ペルソナである個人は、そのつど「として」の存在である。また役割関係は、一方的な関係ではなく、つねに相互的な関係であり、レーヴィットによると、「間柄」としての関係である。たとえば「父」はつねに「子の」父であり、「子」はつねに「父の」子である。こうして間柄は、自他の両者を間柄に即して規定するが、そのことによって自他の相手に対する態度は、原理的に二義的であることになる。(6) たとえば父が子のためになにかをするとしても、それは「父の」子すなわち「自分の」子のための行為であり、したがってそれはまた「父」のための、つまりは「自分」のための行為でもある。「雇い主」と「従業員」という役割関係を取り上げてみると、雇い主が従業員のために厚生施設を整えるとしても、それは雇い主が生産を向上させ利潤を高めるための、つまり雇い主のための行為でもある。親子の役割関係においても、同様であろう。親が子のためになにかをすると言っても、それは同時に親である自分のためにもなる行為である。役割関係のうちにあっては、相手のためだけの行為というものは存在しない。第5章で主我と主他という問題を検討したが、レーヴィットが説く間柄としての役割関係にあっては、もっぱらに他者を主とする主他的行為もなければ、同様にまったくの主我的行為というものも存在しない。主他的行為は同時に主我的行為でもあって、役割関係における自他の相互に対する態度が原理的に二義的であるというのは、こうした事態を指しているのである(7)。

このようにレーヴィットは、共同世界における人間関係をすべて役割関係として捉え、役割関係のうちにある個人をペルソナとして捉えるが、問題は、役割を離れて個人は存在しないとしても、役割とそれを演じているものとの関係をどのように考えたらよいか、ということである。演劇においては、舞台の上で演じられている登場人物と、それを演じている人物(俳優自身)とを区別することができるが、共同世界という人生の舞台の上では、こうした区別は不可能である。しかしそれにしても、子に対して「父」の役割を演じ、妻に対して「夫」の役割を演じ、学生に対して「教師」の役割を演じているのは、同じ一人の人間である。では、役割を演じている個人の背後には、ちょうど仮面の裏に本人の顔があるように、人の眼には見えない「自己」というものが控えていて、この自己がその時々に応じてさまざまな役割を演じる(仮面をかぶる)のであろうか。だがこの問題を考えるためには、それに先立ってまず次のことを考えてみなければならない。それはつまり、ある役割のなかにある人間が、なぜその役割にそった行動を演じるようになるのか、ということである。レーヴィットは、それは役割のなかの人間が「間柄」によって規定されているからだとするが、この点にかんしてなお社会学の役割理論による説明を見ることにしよう。

2 役割行動と役割期待

役割期待と制裁

役割理論を採用する社会学者は、社会的役割は個人に外から加えられる強制であるとして、この役割の強制的性格を、ある役割にある人間はその役割に応じてかくかくの行動をするであろうという人々の期待（社会学ではこれを「役割期待」とよぶ）と、その期待にそっているかどうかによって人々が下す賞罰の制裁（サンクション）とによって説明する。たとえば、ダーレンドルフ（一九二九―二〇〇九）の『ホモ・ソシオロジクス〔社会学的人間〕』（一九七三）によると、社会的役割とは、「個人から原理的に独立な行動指令の複合体」であって[8]、その指令内容は役割のうちに、その役割に即した行動の期待として束ねられていて、この行動期待すなわち役割期待は、その役割のなかにある個人に対し、一種の拘束性をそなえた要求として立ち現れる。そして役割期待のこの拘束性は、社会がこのことにかんして賞罰の制裁を意のままになしうることに基づいている。「彼の役割を演じないものは誰でも罰せられる。それを演じるものは誰でも賞を受けるし、すくなくとも罰せられない(9)」。役割のなかにある人間が、なぜその役割にそった行動をするようになるのかは、このように説明されるのである。

ダーレンドルフは、ここからさらに、役割期待の拘束度の強弱と、制裁の軽重との関連に注目して、役割期待を「必然期待」と「当然期待」と「可能期待」とに分類する。必然期待とは、その役割にある人間は必然的にそのように行動しなければならないとする、もっとも拘束度の強い役割期待であって、これに従わないものは、法的処罰というもっとも重い制裁を受けることになる。当然期待とは、必然期待ほど拘束度は強くないが、しかしある役割にある人間は、当然そのように行動すべきであるとする役割期待であって、これに従わないものは、社会的に排斥されるという罰を受け、これに従うものは、社会から好感をもって迎えられるという賞を獲得する。可能期待とは、ある役割にある人間が、できればそのように行動してほしいという期待で、拘束度はもっとも弱いが、しかしこの期待にそった人間は、人々から積極的に評価されるという賞を受け、そわない人間は、場合によって、人々に嫌悪されるという罰を蒙るのである(10)。

さて、ダーレンドルフによる役割期待のこのような分類が、はたして制裁の分類とうまく対応しているかどうか、またダーレンドルフは、この必然期待と当然期待と可能期待とに、法と道徳と慣習をそれぞれ対応させているが(11)、この対応づけがはたして的確かどうかということについては、問題が残るであろう。ダーレンドルフは、当然期待に従う人間は、模範的であり、正しいことをしていて、信頼される、とするが(12)、しかし先の分類では、たとえばある父親が模範的な父親として積極的に評価されるのは、可能期待に従う場合とされている。また、必然期待に法が対応するとしても、当然期待と可能期待にそれぞれ道徳と慣習が一義的に対応していると見るのも、困難であろう。慣習に従っている人間が、つねに積極的評価を得るとは限らないからである。しかしそれはそれとして、このように社会学の役割理論では、人間の行動は、法にかなった適法な行動から、「よい」父親であるとか「よい」教師であるといった積極的な評価を受ける行動にいたるまで、すべて役割期待に基づく役割行動として説明されるのである。

「社会学的人間」

役割理論によれば、個人は社会もしくは共同世界という舞台の上で、つねになんらかの役割を演じ続けている。俳優に、下手な俳優と上手な俳優がいるように、同じ社会的役割を演じるにしても、受ける評価は人によって異なる。「父親らしい父親」として積極的に評価される人間もいれば、「父親らしくない父親」として社会的に排斥される人間もいるであろう。しかしこうした評価を定めるのは、世間の人々による賞罰の制裁である。世間から積極的に評価されたいと思えば、世間の人々がその役割にどのような役割期待をもっているかを知って、それに自らの行動を合わせなければならない。その限りでは、社会的役割を演じる人間は、観客からの評価だけを気にして演技する俳優のように、自己の創造性を発揮しない人間であり、カントの言葉を借りれば、他律的な人間であることになろう。はたしてその人間に独自な「自己」とか「人格」は、そこに見いだされるであろうか。

ダーレンドルフも、実はこのことを認めている。と言うのも、彼は、「社会学のあらゆる仮説や理論は、もっぱら「社会学的人間（ホモ・ソシオロジクス）」にかんする、つまり地位の担い手や役割演技者といった疎外形態における人間にかんするものである」と語り[13]、また「社会と社会学とにとって、社会化の過程はつねに非人格化の過程であって、この過程において、個人の絶対的個体性と自由は、社会的役割の統制と一般性のうちで解消される」と語るからである[14]。

社会学がモデルとする「社会学的人間」は、このように非自律的な役割演技者としての人間であるが、ところでこのことは、ダーレンドルフによると、人間の各個人が他面において自律的で自由な存在であり、「全体的一回的な存在」であることを全面的に否定するものではない。社会学の対象となる社会学的人間は、「現象」として「観察可能」な人間で、「役割演技的な、決定された存在」であるが、しかし人間は「現象の彼方」においては、「現象とその原因性によって影響されない自由と統合の性格」をそなえている。[15] つまりダーレンドルフは、カントが人間に、傾向性に従う他律的な「現象人」と、道徳法則に従う自律的な「英知人」の両側面を認め、この両者を区別したように、他律的な社会学的人間と、自由で自律的な人間とを区別する。現象人としての個人は、他律的な役割集合体にすぎないが、しかし彼は同時に英知人として、自由な自律的人格である。したがって人間にかんして、人間は他律的な役割存在か、それとも自律的な人格存在か、といった二者択一的な問い方をするのは、正しくない。人間は同時にその双方なのである。

ダーレンドルフのこの解決法は、社会学者への警告をも兼ねている。「社会学的人間も、自由な個人も、われわれの現実世界やその諸理解の部分である。それゆえ、社会学者への第一の要求は、彼がこのディレンマを認識し、その緊急性を一瞬たりとも忘れないことである」。[16] もし社会学者が、人間をもっぱらに「社会学的人間」としてのみ捉え、人間に自由な自律的側面があることを無視し、人間を全面的に役割演技者に還元し尽くすなら、社会学は「非自由と非人間性の道具」にすぎなくなる、[17] というのがダーレンドルフの警告なのである。

3　残された問題

二つの自己

役割を演じている自己は、社会学の役割理論によると、社会の人々の役割期待にそって行動する自己であり、その限りでそれは他律的な自己と言える。しかし人間は、そうした他律的自己には解消できない、自由で自律的な自己という側面をもそなえている。これがダーレンドルフの見方であった。しかしそうだとすると、この他律的自己と自律的自己とは、同じ一人の人間において、どのような関係にあるのであろうか。両者は互いに分離し対立したままに終わるのであろうか。しかし自己分裂を来さないためには、両者の統合が必要であろうが、そうした統合ははたして可能なのであろうか。

この二つの自己をそれぞれ「にせの自己（英 pseudo self）」と「本来の自己（英 original self）」とよび、両者を峻別したのが、フロム（一九〇〇―一九八〇）であった。フロムは、『自由からの逃走』（一九四一）のなかで、次のように語っている。「本来の自己は、精神的諸活動の創造者である自己である。にせの自己は、実際には他人から演じることを期待されている役割を代表し、自己の名のもとにそれを行う代理人にすぎない。たしかに、ある人間は多くの役割を演じ、主観的にはおのおのの役割において、彼は〈彼〉であると確信することができよう。しかし実際には、彼はこれらすべての役割において、他人から期待されていると思っているところのものであり、たとえすべてではないにしても、多くの人にとって、本来の自己はにせの自己によって完全に窒息させられている」[18]。ここには、人間の社会化の過程は非人格化の過程であるとするダーレンドルフの見方に共通するものがあるが、このように見れば、自律的で創造的な自己と、他律的な役割自己との分裂は、決定的と言わなければならない。

ここでふたたびレーヴィットに戻ると、レーヴィットは、役割関係のうちにある自他は互いに「間柄」によって規定されているとするが、しかしまた、間柄が成立するのは、「相互に対し、さしあたってはなお自立している二人の〈個人〉が互いに出会う」ことによるとして、そこから「私自身」とか「汝自身」といった、自他の「自立性（独 Selbständigkeit）」を問題にする。レーヴィットによると、この自立性もまた、「ペルソナ的な間柄の内部においてのみ近づくことができる」のであって、つまりそうした自立性は、他者と切り離された孤立した自立性としてではなく、「相互的な自立性」として、「ある絶対的な間柄」において成り立つものと見なければならないのである[19]。

この「絶対的な間柄」は、レーヴィットによると、「自分の自立性を押し通して他者の自立性に反抗しようとする傾向」から解放され、「他者の対等性を進んで承認する」ことによって成立する。[20] カントは、人間の「人格」は「目的それ自体」すなわち「自己目的」として尊厳であり、それゆえ尊敬されるべきだと考えたが、レーヴィットはこれを、「相互に関与しあっている人格の自立的な間柄」において成立する事柄として捉える。カントの定言命法は、自他の人格をたんに手段としてのみではなく、同時に目的として扱えという形で定式化されたが、これはレーヴィットの言葉に直すと、役割のなかにある他者をたんに役割他者としてのみではなく、同時に自立的な自己目的として扱え、ということになろう。自律的な自己とは、役割関係のうちにあって、他者の自立性をも尊重する自己である。このように見れば、自律的な自己と役割自己は、たんに分離したものとしてではなく、統合可能なものとして考えることができるし、ここに問題解決のための一つの糸口を見いだすことができるのである。

二つの倫理

役割理論によると、社会における人間の行動はすべて役割行動であり、役割行動の在り方は、役割期待と、それに伴う制裁とによって説明される。人間は、社会のなかで、なるべく役割期待にそって行動しようとするが、それは社会の人々による制裁を意識するからである。しかし役割期待と言っても、そのなかには拘束度の強いものもあれば、弱いものもある。役割期待のうちでもっとも拘束度の強いのは、ダーレンドルフの言う必然期待であって、これに反して行動すれば、その人は法的な処罰を受ける。法的処罰は、成文化された法規範に基づいてなされるのであるから、必然期待には、それに対応する法規範が存在することになる。これに対して、必然期待ほど拘束力が強くない当然期待の場合は、それに反した行動をしても、法的処罰は受けないが、しかしそれに代わって社会的排斥という制裁を受ける。ダーレンドルフは、この当然期待に道徳を対応させたが、これは当然期待には道徳規範が対応することを意味する。すでにロックは、道徳とは「世論の法」であり、これに反する者は社会から排斥されると説いたが[21]、この世論の法に当たるのが道徳規範であると見てよいであろう。それは成文化されてはいないが、かなりの拘束度をもって、人間の行動を規制するのである。

さて、当然期待に対応する道徳規範によって組み立てられた道徳を、「役割道徳」もしくは「役割倫理」とよぶならば、日常われわれが話題とする倫理は、ほとんどこの役割倫理であると言ってよい。したがって役割倫理は、多くの場合、「教師」の倫理、「医師」の倫理、「政治家」の倫理という形で語られる。そこで求められているのは、それぞれの役割にふさわしいふるまい方であって、たとえばそれは、教師としてふさわしい教師のふるまいであり、教師として「よい」と評価される、「教師らしい」教師のふるまいである。一般に「職業倫理」とよばれるのは、こうした役割倫理であるが、しかし役割倫理は、職業倫理にとどまらない。職場を離れた家庭においても、日常そこで要求されているのは、「親として」ふさわしい「親らしい」親であり、「夫として」ふさわしい「夫らしい」夫であり、「子として」ふさわしい「子らしい」子である。役割倫理においては、人間はつねにある役割にある「として」の存在であり、それぞれの「として」にふさわしいふるまいが要求されるのである。

だが倫理は、役割倫理に尽きるのであろうか。われわれは先に、倫理が求めているのは、人間であるのにふさわしい、人間らしい人間の在り方である、と述べた。実際これまでの倫理学の歴史を顧みても、そこではつねに「人間らしさ」が問われていたのであり、倫理はいわば「人間倫理」であった。だが役割倫理では、この「人間らしさ」は、「親らしさ」や「夫らしさ」や「教師らしさ」にとって代わられている。役割倫理で求められているのは、たとえば「親らしい親」であって、「人間らしい人間」ではない。では、この役割倫理と人間倫理とは、互いに無関係な二つの異なった倫理なのであろうか。もし両者が互いに無関係であるならば、われわれは生きていくのに、役割倫理を選ぶか、それとも人間倫理を選ぶかといった、二者択一に迫られることになろう。しかしもし役割関係のうちでも

「人間らしさ」が問われ、たとえば「人間らしい親」とか、「人間らしい医師」とかが問題になるとすれば、そこに役割倫理と人間倫理との接点を見いだすことができよう。これは他律的自己と自律的自己との統合にも関係する事柄であって、最後の章でこの問題を取り上げることにしたい。

第14章　和辻倫理学

I　人間存在の根本構造

人と人との間柄

これまで西欧の倫理思想を手掛かりとして、倫理とはなにかを考えてきたが、ここで明治以降の日本の倫理学の歩みのなかで、独創的な体系を築き上げた和辻哲郎（一八八九—一九六〇）の考えに注目することにしよう。すでに見たように、和辻は日本語の「人間」がたんに一人一人の「人」を指すだけではなく、人と人との間である「世の中」をも指すとして、[(1)]そこから倫理学は「人の間」としての「人間」を扱う学であると規定した。では、和辻は倫理学をこのように規定することで、なにを意図したのであろうか。

和辻の主著『倫理学』（一九三七—一九四九）の「序論」は、次の言葉ではじまっている。

「倫理学を「人間」の学として規定しようとする試みの第一の意義は、倫理をたんに個人意識の問題とする近世の誤謬から脱却することである。この誤謬は、近世の個人主義的人間観に基づいている。……個人主義は、人間存在の一つの契機にすぎない個人を取って人間全体に代わらせようとした。この抽象性があらゆる誤謬のもととなるのである。……倫理問題の場所は孤立的個人の意識にではなくしてまさに人と人との間柄にある。だから倫理学は人間の学なのである。人と人との間柄の問題としてでなくては、行為の善悪も義務も責任も徳も真に解くことができない(2)」。

このように、和辻が人間を「人と人との間柄」として捉えたのは、「倫理をたんに個人意識の問題とする近世の誤謬から脱却する」ためであった。と言うのも、「倫理問題の場所」は、「孤立的個人の意識」にではなく、「人と人との間柄」にあるからである。だがこのような反省は、すでに西欧においても生じていたのであって、そのことは本書の第11章から第13章にかけて示された。フォイエルバッハは、和辻に先立って、「道徳が問題になるのは、人間と人間、ある人と他の人、私と汝の関係が話題になる場面だけである」と語り(3)、「道徳はたんなる自我や、感官を欠いたたんなる理性からではなく、ただ私と汝の結合からのみ導き出され、説明されることができる」、と語っていた(4)。また和辻と同年代のレーヴィットが、倫理問題の場所を人間の「間柄」のうちに求めたことは、前章で見たとおりである。和辻も西欧におけるこうした思想動向に注目していたのであって、このことは、和辻が『人間の学としての倫理学』のなかで、フォイエルバッハの人間学のために一節を割き(5)、また『倫理学』のなかで、レーヴィットの著書に言及している(6)ことからも、知られるのである。

だが和辻の歩む方向は、同じではなかった。和辻は、先に引用した、「人間とは「世の中」自身であるとともにまた世の中における「人」である」に続けて、「したがって「人間」はたんなる人でもなければ、またたんなる社会でもない。「人間」においては、この両者は弁証法的に統一せられている」と語る。(7) つまり「人間」には、「人間の個人性」と「人間の世間性あるいは社会性」という二側面があって、「人間存在はこの両性格の統一」なのである。(8) これはさらに言えば、人間が個と個の関係としてではなく、個と全体との関係として捉え直されているということで、和辻はこの個と全体との弁証法的統一をもって「人間存在の根本構造」と見なすのである。

人間存在の根本構造

この人間存在の根本構造について、和辻は次のように説明する。まず「「個人」の立場」は、「なんらかの人間の全体の否定としてのみ成立する」が、他方「人間の全体性」は、

「いずれも個別性の否定において成立する」。そして「この二つの否定が人間の二重性を構成する」のであって、しかもそれは全体として「一つの運動」という形をとる。「個人は全体性の否定であるというまさにその理由によって、本質的には全体性にほかならぬ。そうすればこの否定はまた、全体性の自覚である。したがって否定において個人となるとき、そこにその個人を否定して、全体性を実現する道が開かれる。個人の行為とは、全体性の回復の運動である。否定は否定の否定に発展する。それが否定の運動なのである」(9)。

ところで「人間存在が根源的に否定の運動である」ということは、「人間存在の根源が否定そのもの、すなわち絶対的否定性である」ということで、そこで和辻は、「個人も全体もその真相においては「空」であり、そうしてその空が絶対的全体性である」とする。「人倫」とは、この絶対的全体性の「自己還帰的な実現運動」である。したがって、「人倫の根本原理は、個人(すなわち全体性の否定)を通じて、さらにその全体性が実現せられること(すなわち否定の否定)にほかならない」のであって、ここから「人倫の根本思想が二つの契機を蔵すること」が示される。一つは、「全体に対する他者としての個人の確立」であって、「個人の自覚がなければ人倫はない」。いま一つは、「全体の中への個人の棄却」であって、「この棄却のないところにも人倫はない」のである(10)。

以上が、人間存在の根本構造についての和辻の説明であるが、ここから読み取れることは、人間存在の二重構造と言っても、そこでは個よりも全体の方に力点が置かれている、ということである。つまり「空」とよばれる「絶対的全体性」がまず存在し、それを否定することによって「個人」が成立するが、しかしその個人はふたたび自己を否定することによって、全体性へと還帰する。人間存在の二重構造と否定の運動は、全から個へ、さらに個から全へという図式で考えられていて、その限りで全の契機が個の契機よりも重視されていると言えるのである。

倫理的善悪

個に対する全の優位は、和辻の倫理的善悪の見方のうちにも反映している。全体から背き出た個人は、さらにこの背反を否定して全体に還帰するが、この還帰は、現実には全体をなんらかの共同体において実現するという形でなされる。そしてこの「個別性の止揚、人倫的合一の実現、自己の根源への復帰」である行為こそが、善である。[11]「だから古来、神あるいは全体の権威に対する従順、すなわち個人の独立性の棄却、あるいは愛、献身、奉仕などがつねに善とせられた」のである。[12]もっとも、和辻によると、「個人の独立性なくしては人倫的合一も実現されえない」し、「個人の独立が強度に敢行されればされるほど、人倫的合一もまた高度に実現される」ことになる。[13]そこで和辻は、次のように語るのである。「愛の結合や自己犠牲は善とせられるが、しかしこの善がありうるためには、まず個人の独立化すなわち悪がなくてはならぬのである。そうすれば悪は善を可能にする契機であり、したがって悪ではなくなる」(14)。個人の独立化は、全からの背反である限り、それ自体としては悪であるが、しかしそれは全への還帰すなわち善を可能にする契機である限りでは、悪ではなくなるのである。こうした善悪の解明においても、人間の二重構造において、全が個に対して優位を占めていることが明らかであろう。

2　人倫的組織

共同体の諸形態

人間存在の根本構造の解明に際して、和辻が重視したのは、人間の個と個の関係ではなく、個と全との関係であった。そこで和辻は、人間の根本構造を確定した後に、今度は「多数の個を含む全体性の構造」について考察する。個人が還帰する先の全体は、個人の否定によって成り立つが、しかしただ一人の個人の否定によって成り立つのではない。「個人は多数であり、その多数の個人が個別性を捨てて一となるところに、共同存在としての全体性が成り立つ」のである(15)。個人の個別性の否定において成り立つ全体性は、「多数の個人の間の共同性」であって、それは「多となれる主体」の「主体的なひろがり」である。和辻によると、この主体的なひろがりこそが、人間存在の根源的な空間性を形成するのである。[16]

主体的なひろがりとしての共同性は、具体的には、広狭さまざまな人間共同体において実現する。和辻はそこで、そのなかで「人倫的組織」が形成される人間共同体を、次の六段階に区分した。(1)夫婦二人からなる「二人共同体」[17]。(2)父母と子からなる家族形態としての「三人共同体」[18]。(3)「多数の家族が一つの存在共同を形成する」ことによって成り立つ「親族共同体」[19]。(4)血縁にではなく、地縁に基づく「地縁共同体」。これは「もっとも単純な近隣の共同体」にはじまって、「村落あるいは町内の共同体」を経て、「一つの地方あるいは〈国〉の共同体」にいたる。[20] (5)「文化の共同」、具体的には「言語の共同」から成り立つ「文化共同体」。「言語の共同の範囲」が「民族」であるから、これは民族共同体とも言える。[21] (6)「国家」[22]。

人間存在の根本構造は、全と個の二重構造として解明されたが、人倫的組織としての共同体の解明に際しては、全の契機には「公共性」が、個の契機には「私的存在」が配置される。たとえば二人共同体について見ると、そこでは「「私」は消滅し、すべてが公共的になる」が、しかし「公共的なのはただ二人の間においてのみ」である。そして「むしろあらゆる他の人に対して秘密であり隠されている」ということが、かえって「いっそう強く二人の間の共同性を実現する」。言い換えれば、「二人共同体においては、私的存在としての性格と共同的存在としての性格とが密接に相表裏する」のであって、「私的存在を媒介として共同的存在が実現せられるという事態は、ここにもっとも顕著に示されている」のである。(23)

こうして和辻は、人間存在の公共的性格と私的性格とを手掛かりとして、各共同体がそれぞれ異なった連帯性の構造をもち、それぞれが人間存在の理法の特殊形態であることを示すが、さらにこれら共同体の間には一つの秩序があるとして、その秩序を、「それぞれの存在共同はヨリ公共的なる共同に対してつねに私的性格を帯びる」ことに基づける。(24)つまり夫婦（二人共同体）は、子を含む家族（三人共同体）に対しては私的であり、一家族はその親族全体に対しては私的であり、そうした血縁共同体は地縁共同体に対しては私的であり、地縁共同体は文化共同体に対しては私的である。このように共同体は、それが大になるにつれて前段階の小なる共同体の「私」を超克するが、しかしそれはより大なる共同体に対しては、依然として私的性格を帯びている。したがって、私的性格をまったく脱する共同体があるとすれば、それはもはやより大なる共同体によって包まれることのない共同体であり、その意味で最大の共同体である。そして和辻は、そうした共同体として、

「国家」を考えるのである。

国家と「一つの世界」

国家は、「「私」をことごとく超克して徹頭徹尾「公」であるところの共同体」である。「おおやけ」は、古語では「大家」であった。人倫的共同体実現の第一の段階は「家」であるが、その最後の段階が「大家」としての国家である。(25) しかも国家は、たんに文化共同体の上に位置する一共同体ではなく、夫婦に始まるすべての共同体の統一である。「国家は家族より文化共同体にいたるまでのそれぞれの共同体におのおのその所を与えつつ、さらにそれらの間の段階的秩序、すなわちそれら諸段階を通ずる人倫的組織の発展的連関を自覚し確保する」のであって、国家は「かかる自覚的綜合的な人倫的組織」である。(26) 個人にかんして言えば、「国家の個々の成員は、この全体性の地盤において人格的個別性を円成するとともに、この全体性へ帰入することによって、己が本来の面目に到達する」(27) のであり、「人格は国家の成員たることにおいてその人倫的意義を充実する」のである。和辻のこうした国家観は、国家を「人倫的全体」とし、(28)「個々人の最高の義務は国家の成員であることである」(29) とするヘーゲルの国家観に、ある意味できわめて近いと言えよう。

だが国家は、はたして最大の共同体であろうか。国家はその上になお、諸国家を包む人類共同体とでも言うべき全体をもつのではなかろうか。和辻は、国家も他国民がその富に参与するのを拒むといった閉鎖的性格をもつことを認め、現実に存在する諸国家のなかに「顕著に「私」を発揮する国家」があることをも認める。(30)しかしこれは、和辻の考えによると、絶対的全体性の自己実現の場である現実の共同体が、つねに有限で相対的な全体性であることによるのであって、国家を超えた人類といった現実の全体的共同体が存在するからではない。国家の全体性は、和辻の考えでは、有限な全体性のうちでもっとも高次にして究極的なものである。実際、「人類が一つの全体として形成されしことは、世界の歴史が示すかぎりにおいては、いまだかつてない」のである。(31)和辻は国家を、有限な人間存在の究極的な全体性と見て、人類共同体をとくに人倫的組織として構成することは考えなかった。

もっとも、和辻は、昭和二四年に完結した『倫理学』下巻の最終節で、諸国家を包む「一つの世界」を実現する方途を探っている。和辻はそこで、「帝国主義的な世界統一」に代えて、「諸国家の間の人倫的組織」である「世界国家」を構想するが、しかしこうした世界国家は、今日の段階では一挙には実現不可能であって、それが実現しうるためには、「取りあえずひとまず、言語や風習やその他の文化の共同によってできた国民共同体の立場で、確固たる人倫的組織を形成し、さらにそれらの諸国家の間に組織をつくる」ことが必要であるとする。[32] つまり人倫的組織としての「国民的統一」が実現してはじめて、そうした「国民的存在を超えた統一」としての「一つの世界」が可能とされるのである。[33] 和辻が『倫理学』を閉じるに当たって「国民的当為」ということを強調したのも、そのためであった。

では、この「一つの世界」は、具体的にはどのような形で可能と考えられるのであろうか。和辻はそこで、従来の意味での国民国家の主権の放棄と、世界的経済組織の合理的な形成を説き、最後に文化における「多様の統一」を主張する。「諸国民の文化をそれぞれその独自の性格において発展せしめつつ、しかもそれらの異なった文化を互いに補足しあい交響しあうようにする。そういう多様の統一こそ、一つの世界として実現せらるべきものなのである」[34]。だがそのためには、「あらゆる国民の独自性が、犯すべからざる尊厳をもつものとして、等しく尊敬されなくてはならない」[35]。「国民的存在は、その個性において価値と尊厳を担う」のであって、「このことは一つの世界を形成すべき諸国家の連関においても寸時も忘れられてはならない」のである。[36]

ここで和辻は、「国家」に代えて「国民共同体」とか「国民的存在」という表現を用いているが、しかしそれが国家を単位とした共同体であることに変わりはない。「一つの世界」は、つまりはそうした諸国家の経済的文化的協調の場として構想されるのであって、とくに国家を超えたいっそう包括的な人倫的組織として考えられているわけではない。和辻にとって、国家は依然として現実に存在しうる有限の人倫的組織としては究極のもの、つまり「人倫的組織の人倫的組織」であり、「もはや他の有限全体性のうちに包摂されえない」ところの「人倫の体系」なのである。(37)

3　和辻倫理学における「人格」

文化共同体と人格

和辻は、「多数の個人が個別性を捨てて一となる」ことによって、人倫的組織としての共同体が成り立つと考えたが、しかしいま一方では、先の引用にもあるように、個人は国家の成員として「人格的個別性を円成する」と語っている。では、和辻は、個人の「人格」というものをどのように考え、人倫的組織のなかでそれをどのように位置づけるのであろうか。

『倫理学』のなかで最初に「人格」が取り上げられるのは、「文化共同体」の場面においてである。和辻はそこで、まず友人間の愛（友情）を夫婦愛や親子愛や隣人愛から区別し、友人が成立するのは文化共同体（精神共同体）においてであり、「友人的存在共同は文化共同体の本質的特徴を示すもの」とする。(38)そして和辻は、そこからさらに、「文化の場面において友人たりうる人」を、「人格」とよぶ。(39)文化共同体を担うのは民族であるから、人格はさらに「民族の一員」という形で規定される。そこで和辻は、次のように語るのである。「以上によって、われわれは、精神共同体としての民族と、民族の一員としての人格とをほぼ規定しえたと思う。この両者の相即こそ、有限なる人間存在においてもっとも現実的に個人的・全体的両契機の相即を実現したものである。個人としての人格は、一切の「私」を去ることによって、本来の自己としての生ける全体に帰来する。が、「私」を去ることは、個性を没することではない。精神共同体の一員である以上、人格はあくまでも個性的でなくてはならない。しかし個性的なものがそれにもかかわらず全一となりうるのは、「私」を去るがゆえなのである。異にして同の統一は、ただこの去私没我においてのみ実現される(40)」。

和辻によると、これまでの西洋の倫理学にあっては、人格はもっぱら「自然に対立する個人」として捉えられ、その結果、人格は共同体から規定されずに、たんに独立した個別的存在として規定されるにとどまった。「人格」を以上のように考えるのは、「人格をあくまでも人間存在のなかで、共同体から規定するという点で、在来の考えとは異なっている」のである。(41)

国家と人格

だが和辻倫理学において、「人格」が「国家」の場面にも登場することは、先に見たとおりである。「人格は国家の成員たることにおいてその人倫的意義を充実する」のである。ところで国家は、これも先に見たように、「家族より文化共同体にいたるまでのそれぞれの共同体におのおのその所を与える」共同体である。とすれば、人格は実はたんに文化共同体においてだけではなく、夫婦という二人共同体においても、親子という三人共同体においても、隣人同士の地縁共同体においても、成立すると考えなければならない。人格は、形式的には、文化共同体の一員として、あるいは国家の成員として規定されるにしても、その実質においては、二人共同体から国家にいたる全共同体に浸透した存在であり、おのおのの共同体においてそれぞれ固有の間柄を成り立たせている存在なのである。

和辻の「人格」をこのように見れば、そこに古来の「ペルソナ」と相覆する面があることに気付くであろう。和辻には、『面とペルソナ』（一九三七）という著作があり、また『人格と人類性』（一九三八）では、「人格を言い現わしているPersonは、本来役割の意味であり、共同態におけるそれぞれの役目から出た概念である」として、「社会なくして人格が人格となることはない」とされている。[42] つまり和辻は、「人格」にともなう「役割」

という古義を保持しつつ、それを共同体における間柄存在に適用したと見てよいであろう。おそらく和辻の考えでは、二人共同体では「よい夫」として、三人共同体では「よい親」として、地縁共同体では「よい隣人」として、文化共同体では「よい友人」として、国家においては「よい国民」としてふるまう人間が人間らしい「よい人間」であり、「私」を去って人格的個別性を円成した人格円満な人間なのである。

残された問題

すでに見たように、和辻は国家を最高の人倫的組織と考え、さらに諸国家を包む人類共同体とでも言うべきものの存立を認めなかった。と言うことは、和辻の捉えた「人格」が、「人類の一員」にまで拡張できないことを物語るものであろう。和辻は、『人格と人類性』のなかで、カントの定言命法、すなわち「汝の人格における、及びあらゆる他の者の人格における人類性を、決して単に手段として取り扱うことなく、いかなる時にも同時に目的として取り扱うように行為せよ」(和辻訳)について、次のように語る。「人格は、汝の人格、他の人格などと言われているごとく、個人的人格である。しかしこれらの人格を人格たらしめている人格性人類性は、自他の別なき主体的根底である。しかるにカントは、この両者の別に注意するに急であって、多くの人格の間の共同態を考えるに粗であった。だから自他の別なき主体的根底たる人類性が、同時に人格共同態を共同態たらしめる根底であるという点を見のがしてしまったのである」(43)。

だがレーヴィットのように、カントの定言命法を、人間の「間柄」のうちで捉え、カントは間柄における自他の自立性を尊重すべきことを主張したのだという解釈もある(44)。どちらの解釈が正しいかは別として、カントが人格の根底に人類性（人間性）を置いたとき、カントが個々の人格を国家の一員としてではなく、人類の一員として捉えていたことは確かであって、そうした人格にこそ、人間としての人間の尊厳の座があると考えていたのである。個を否定して全体への還帰を強調した和辻は、民族や国家における円満な人格には到達したが、人格の尊厳を人類という開いた場において根拠づけようとはしなかった。和辻は、「民族の個性を尊敬する立場は、かえって真に人類的な共同の理想に近づくことができる」(45)として、民族の尊厳を重視し、民族の文化を尊重した。和辻は決して偏狭な民族主義者ではなかったが、しかし人格を人類の場に拡張できなかったことに、和辻倫理学の限界が見いだされるのである。

第15章　社会倫理と人類倫理

I　ベルクソンの「社会道徳」と「人類道徳」

「閉じた道徳」と「開いた道徳」

フランスが生んだ現代の代表的な哲学者ベルクソンの晩年の著作に、『道徳と宗教の二源泉』（一九三二）がある。ベルクソンはこの書物のなかで、道徳には「社会道徳（仏 morale sociale）」と「人類道徳（仏 morale humaine）」という二つの道徳があり、この二つの道徳はそれぞれ異なった源泉に由来する異なった道徳である、と主張した。

ベルクソンによると、人間がこれまでに作り上げた社会は、原始社会であれ、今日の複雑な文明社会であれ、それが「若干の個人を包含し、その他の個人を排除することを本質としている」点で、変わりはない。(1) 既成の社会は、家族から国家にいたるまで、すべてそうした「閉じた社会」である。閉じた社会とその成員との関係は、蟻塚と蟻、一有機体とその細胞との関係に等しい。「われわれが社会的責務の根底に認めた社会的本能は、どれほど広大な社会であれ、つねに閉じた社会を目指している」のである。(2) 家族愛は、いつも自分の家族の成員にだけ向けられていて、それは他の家族に対しては排他的である。国家もまた、自国民だけを包含し、他国民を排除する。「対立する二つの格言、すなわち「人間は人間に対して神である」と、「人間は人間に対して狼である」とは、容易に和解しあう。第一の格言が述べられているときは、同国民の誰かを考えている。第二の格言は、他国民にかんしてである」(3)。ベルクソンの言う「社会道徳」は、小は家族から、大は国家にいたるまで、いずれも既成の閉じた社会の維持を目的とした道徳で、人間の「社会的本能」に由来する「閉じた道徳」なのである。

では、われわれがそうした閉じた社会のなかにあっても、「人間としての人間に対する義務」を意識し、およそ誰に対してであれ、「他者の生命や所有権を尊重する義務」を意識するのは、なぜであろうか。もしそれが社会の自己維持の要求であるとすれば、その社会は人類全体を包含し、もはやいかなる個人をも排除しない「開いた社会」であろう。だがこうした社会は、閉じた社会と違って、現実にすでにわれわれに与えられている社会ではない。ベルクソンによると、「国家と人類との間」には、「有限から無限への、閉じたものから開いたものへの、大きな隔たり」が存在する。(4) 閉じた社会と、人類全体に開かれた社会との差異は、もはや量的な差異ではなく、質的な差異である。したがって、開いた社会に対応する開いた道徳、すなわち「人類道徳」は、閉じた社会の維持のみを目指す「社会道徳」とは異なった源泉に由来するものと見なければならない。

閉じた魂と開いた魂

社会から個人に眼を移すと、閉じた社会には「閉じた魂」が、開いた社会には「開いた魂」が対応する。(5) 閉じた社会と開いた社会との間に断絶があるように、閉じた魂と開いた魂との間にも断絶がある。閉じた魂は、ただ自己を拡張していくだけでは、開いた魂に到達しない。道徳の核心となる愛について見ると、われわれが家族や同国民を愛する場合の愛は、社会的本能に由来する直接的な、自然生得的な愛であるが、人類愛は間接的であり、前者のように生得的ではなく、いわば後得的である。家族愛や国家愛を含む閉じた道徳は、「動物のある種の本能に照応している習慣の体系」として、「知性以下」であるが、人類愛に代表される開いた道徳は、抱負や直観や情緒によって特徴づけられる「知性以上」のものである。そして「知性」はと言えば、(6) それは閉じた魂と開いた魂の中間に、いわば「開いていく魂」として位置するのである。

だがベルクソンによると、このことは、知性が「開いた道徳」の源泉であるということではない。知性は閉じた道徳の枠を破り、閉じた道徳を随意に支配することはできるが、しかし開いた道徳を創造するまでにはいたらない。開いた道徳を樹立する開いた魂が出現するためには、さらに知性を超えた一つの飛躍が必要である。そしてベルクソンが「愛の飛躍（仏 élan d'amour）」とよぶこの飛躍こそが、あるいはこの飛躍を遂げさせるものこそが、開いた道徳の源泉なのである。ベルクソンはこのことを示すのに、ギリシアの知性的な道徳と、イエスの福音書の道徳とを対比させている。「開いていく魂」としての知性は、エピクロスやストア派が説いた「心の平静さ」や「無情念」の境地には達したが、しかし人類愛という開いた道徳が生じるには、イエスという開いた魂の持ち主の出現を待たなければならなかったのである。(7)

二つの道徳の混合

したがってまた、ベルクソンによると、社会道徳は、「非人格的な公式に還元されればされるほど、ますます純粋完全になる」のに対し、人類道徳の方は、「十分にその本領を発揮するためには、模範となる特異な人格のうちに体現されなければならない」ことになる。言い換えると、「前者の一般性は、ある法則の普遍的承認に基づき、後者の一般性は、一つの範型の共通な模倣に基づく」のである。[8] 人類道徳の体現者である聖者たち、つまり開いた魂の持ち主たちは、他人になに一つ要求せず、圧力を加えないが、にもかかわらず多くの模倣者をもつ。それは彼らの存在そのものが「呼びかけ」だからである。聖者ではない一般の人間が人類道徳を意識し、それに従おうとするのは、もともと聖者たちの、「呼びかけ」や「抱負」がもつ魅力によるのであって、社会の圧力や圧迫によるのではない。[9]

もっとも、ベルクソンによると、この二つの道徳は、日常それほど判然と区別されて意識されるわけではない。それはなぜかと言えば、社会道徳が自らのもつ命令的性格の幾分かを人類道徳に与え、それと引き換えに後者から「人類的（人間的）」という広い意味を自分に取り寄せるからである。「第一の道徳は第二の道徳にその拘束性の幾分かを渡した」のであるし、「第二の道徳は第一の道徳にその香気の幾分かを漂わせた」のである。[10] 二つの道徳は、こうした形で現実には混合し、それぞれの純粋な形態においては現れない。だがこのことは、ベルクソンによると、われわれの道徳生活の向上にとっては好都合であり、そのためにはこの二つの道徳をはっきり区別しない方が得策である。人間としての人間に対する義務を、われわれの同市民に対する義務から根本的に区別するならば、われわれは社会的本能によって前者の義務を弱める結果になりかねない。とは言え、ベルクソンによると、「こうした区別を強調しないような道徳哲学は、真理からはずれている」のである。[11]

なおベルクソンは、その独自な生命主義の立場から、「「社会の圧力」と「愛の飛躍」は、生命の互いに相補いあう二つの発現である」とするが、[12] いまはこの問題には立ち入らないことにする。ここではただ、ベルクソンが宗教の考察に際しても、道徳の場合と同じように、閉じた社会の維持を目的とした「静的宗教」と、開いた社会を目指した「動的宗教」とを区別していることを指摘するにとどめたい。[13]

2　役割倫理としての社会倫理

社会倫理と愛

第13章の終わりで、われわれの日常生活を支配している倫理は、ロックの言う「世論の法」であり、それは具体的には、社会の人々の役割期待とそれに伴う制裁とから組み立てられた「役割倫理」である、と述べた。役割倫理は、役割関係を維持する機能をはたし、そのことでまた、役割関係からなる社会を維持する機能をはたしている。とすれば、この役割倫理は、ベルクソンが説いた「社会道徳」に当たると見てよいであろう。社会道徳を「社会倫理」と言い換えれば、役割倫理は社会倫理である。事実、ベルクソンも、「個人にその日常生活のプログラムを示すのは、社会である」として、そこでは「責務」とよばれるものは、「われわれの地位が社会でわれわれに指定する役割を、社会のなかで演じる」という傾向と合致する、と語っている。(14) 社会倫理としての役割倫理は、ベルクソン風に言えば、閉じた社会のなかでの人間関係の維持を目指した閉じた道徳なのである。

したがってここでは、人間愛が説かれるとしても、それはたとえば、妻に対する夫としての愛であり、子に対する親としての愛であり、近しい隣人に対する隣人としての愛であり、同国人に対する同国人としての愛である。これらの愛は、それ自体としては、それぞれの役割に即した閉じた愛であって、人間としての人間に対する開いた愛ではない。とは言え、ベルクソンも語っていたように、われわれは日常この二つの愛をとくに区別して意識することはないであろう。親は自分の子に対する愛が、多くの場合、親子という自然のきずなから生じ、そのきずなを維持していくための愛であるにもかかわらず、それを人間愛そのものの発露であると思い、一人の人間に対する献身であると思うであろう。しかし子供が成長して親子関係以外のさまざまな役割関係のうちに身を置き、そして後者の関係のうちに自分の生活の重心を委ねるようになると、親は往々にして自分の愛が裏切られたかのように意識する。しかしこのことは、その親の子に対する愛が、実は人間に対する開いた愛ではなくて、親子のきずなを維持するための閉じた愛であったことを物語っているのである。

社会倫理と慣習

既成社会の維持を目指した社会倫理では、慣習の力を無視することはできない。デューイ（一八五九—一九五二）と一緒に『倫理学』（一九〇八）を書いたタフツ（一八六二—一九四二）は、いわゆる原始社会に見られる集団道徳は、慣習に基づいているとして、次のように語っている。「集団の各成員は、同集団の他の成員に対して、また通常は集団全体に対して、もちつもたれつの関係にある。家族のなかで、父親、母親、子供は、生計を営むために各自の役割をもつ。……集団が漁や狩りに出掛けるとき、各人は各人の地位と役割をもつ。……これらのすべての関係の仕方は、規則立てられ、標準化される傾向をそなえている。それらは、社会の機構であって、慣習は、この機構の自然的運行である。近代社会においても、法律は、親と子、夫と妻、地主と小作人といったような当事者各人の地位から、ある決まった義務とか権利が出てくることを認める。同じ原理が、原始社会においても通用する」(15)。古代において道徳と慣習が密接な関係にあったことは、「道徳」に当たる英語のモラル（moral）が、ラテン語で「慣習」を意味する mores に由来することからも知られるであろう。

慣習は、現代の社会倫理においても、大きな力をもっている。慣習の力は、小は家族から、大は国家にいたるまで、さまざまな人間関係の場で見いだされるであろう。家族の場合は、たとえば「家風」とよばれるものがこれに当たる。家風に合うとか合わないということが、その家族に新たに加わる成員の行為を是認したり否認したりする際の一つの基準とされる。農村では、日本の場合、各地に神事を中心としたさまざまな慣習があり、都市の会社組織のなかにも、「社風」とかそれに類した慣習がある。こうした慣習に従わなければ、その人は「道徳的に」非難されるのである。国家もまた、それぞれの国が「国風」とでもよぶべき慣習をもっている。また、慣習と宗教とが密接な関係にあることは、原始社会においては明らかであるが、しかし現代においても、この結びつきはいたるところで見いだされる。国家にかんして言えば、この傾向は、イスラエル国家とかアラブ国家とよばれる国々においてとくに顕著であるし、ヨーロッパのキリスト教諸国においても同様である。それらの国家では、宗教はさまざまな役割関係に浸透し、役割期待は、聖典に書かれた神の命令と重ね合わされる。役割期待に従わない人間は、社会の名においてではなく、神の名において弾劾されるのである。国家間の対立や、一国内の紛争の多くが、宗教や慣習の違いに由来することは、今日でもわれわれが眼にする事態である。

慣習は、世代から世代へと引き継がれるが、しかしまた世代の交代とともに変化する面もそなえている。われわれが「因習」とよぶのは、古い世代の人にはまだ拘束力をもつが、新しい世代の人間には拘束力をもたなくなった慣習である。世代間に生じる葛藤も、多くはここから生じると見てよいであろう。親子の葛藤は、いつの時代にもあり、それはさまざまな要因によるが、その一つの要因として、世代間の葛藤をあげることができよう。親は、自分が子供のときに自分の親が示した親としての役割行動を、社会的に是認されたものとして、自分の子供に対しても繰り返そうとする。しかし子供が親に期待しているのは、それとは異なった役割行動なのである。世代間の葛藤は、会社組織の内部でも見られるし、国家の成員の間でも見られるであろう。社会変動の激しい時代には、錨のように社会倫理を固定してきた慣習の力が弱まり、社会倫理は浮動する不安定な状態に追い込まれる。社会倫理に従おうとする人々は、自らが行為する際に倫理的善悪の基準をどこに求めたらよいか分からなくなり、その結果として、自己のアイデンティティを失うという事態にまでいたるのである。現代では、家族をはじめとして、さまざまな社会制度が急激な変動にさらされている。比較的安定した時代にはそれほど話題とはならない倫理や道徳ということが、今日さまざまな場面で論じられているのも、実は人々がすがってきた社会倫理そのものに、深刻な変動が生じてきているからだと言えよう。

社会倫理とペルソナ

ベルクソンは、「社会道徳」は、「非人格的な公式に還元されればされるほど、ますます純粋完全になる」と語っていた。このことは、ダーレンドルフが、社会化の過程は非人格化の過程であり、そこでは「個人の絶対的個体性と自由は、社会的役割の統制と一般性のうちに解消される」としていたことに、照応するであろう。社会倫理に従っている人は、自分をそのつどの社会的役割のなかにあるペルソナとして捉え、関係する他者をも同じく社会的役割を担ったペルソナとして捉える。役割関係は、ペルソナとペルソナとの関係である。そこでは「個人の絶対的個体性」は解消し、役割行動を指定するのは、「非人格的な公式」である。とすれば、こうした人間関係は、レーヴィットが捉えたように、一人称としての「私」と二人称としての「汝」との関係ではなく、「親」と「子」といった、三人称のペルソナ相互の関係と見るべきではなかろうか。フロムが、役割のなかにある自己を「にせの自己」とよび、そこでは各人は役割を演じる代理人にすぎないとしたのは、こうした観点からである。

ペルソナとしての役割行動は、そのペルソナに対する世間の役割期待にそおうとすることによって、均等化され、画一化される。世間の評価や制裁を気にしない親ならば、その行動は画一化を免れるであろう。しかしそれは少数派であって、大多数の親は、社会の役割期待に応え、世間から「親らしい親」として、つまり「よい親」として、評価されることを望むであろう。もっとも、先に触れたが、現代のように社会変動が激しい時代では、役割期待にも変動が生じ、親はどのようにふるまえば「よい親」として評価されるか分からなくなり、自分が親であることの自信を失うことがある。そしてこれら一連の出来事が示しているのは、ペルソナとしての人間が、他律的である、ということである。カントは、「他の人々の判断を自分の判断の規定根拠とすること」も「他律」の一つに数えているが、人間がペルソナとして社会の人々の役割期待にそって行動しようと努めている限りは、他人の判断を自分の判断の規定根拠としているのであり、こうして他人と同じようにふるまうことによって、その行動は画一化されるのである。

他律的な人間が手に入れたいと望んでいるのは、自分がどのようにふるまえばよいかを指示してくれる「非人格的な公式」である。それはある役割にある人間ならば誰でもがそれに従えばよいような、マニュアルである。マニュアルは、それを使う人間の自由な裁量の余地がなければないほど、ますます完全である。人間は自由を放棄し、マニュアルに従って行動する。したがって、もし倫理学の役目が、そうしたマニュアルの提示にあるとするならば、それは他律的な人間にとっては効力があるが、自由と自律性を求める人間にとっては、無効である。サルトルやフロムが否定したのは、たとえ社会から「よい夫」とか

「よい親」として評価されても、自律性や創造性を欠いた人間である。だが役割倫理としての社会倫理の枠のなかでは、こうした自律性や創造性は必要とされない。自他の関係の場で自律性や創造性が要求されるとすれば、それはむしろベルクソンの言う「人類道徳」においてなのである。

3　人類倫理への道

人類倫理と愛

ベルクソンは、「社会道徳」とは源泉を異にする「人類道徳」が存在するとして、その核心を「人類愛」のうちに見いだした。人類愛は、社会道徳に見られる家族愛や国家愛とは違って、排他的性格をもたない。それは自国民だけではなく、他国民をも含む全人類に対して開かれた愛であり、その意味でそれはまさに「人類」愛である。したがって人類愛と言っても、それは人類全体をほかの動物や自然にもまして愛し、その存続と繁栄を願うといった、人類中心的な、人類以外のものに対して閉鎖的な人類愛ではない。そうではなくて、人類愛とは、「人間としての人間」に対する愛であり、およそ誰であれ、出会ってくる他者を「人間として」愛することである。とすれば、それは「人類愛」よりもむしろ

「人間愛」と表現するのが適切であろう（ここではベルクソンが「人類道徳」とよぶものを「人類倫理」と言い換えることにするが、これも「人間倫理」と表現するのが適切かもしれない）。人類愛としての人間愛は、すべての人間を、つまり自国民であれ、他国民であれ、さらには自分の親であれ、子供であれ、妻であれ、会社の同僚であれ、すべてを等しく人間として愛する愛なのである。

では、すべての人間を「等しく人間として」愛するとは、どういうことであろうか。それはまずすべての人間に共通する「人間性」を見いだし、出会ってくる他者をそうした人間性をそなえた人間として愛することであろうか。自然主義の立場に立てば、「人間性」とは人間をほかの動物から区別する種差ということになるが、では人間をそのような種差をそなえたものとして愛することが、人間を「等しく」人間として愛することなのであろうか。だが人間愛のうちに、すべての人間に共通する人間性という考えを持ち込むことは、かえって危険を招くであろう。たとえば、人間は思考能力をもつ限りにおいて人間であり、人間をそのようなものとして愛するのが人間愛であると考えれば、思考能力を失っていわゆる植物状態にある人は、もはや人間として愛されるには値しない存在であるということになろう。また人間は「社会的動物」であるとして、社会維持機能に人間の本質（人間性）を置くならば、もはやそうした機能を発揮できなくなった人間は、人間愛の対象から除外されることになろう。さらに極端な例かもしれないが、アーリア人種のみが理性やその他の能力において優れ、人間であるにふさわしいとしたナチスは、将来の人類の繁栄のためにと称して、ユダヤ人の大量虐殺を正当化したし、近世初期に南米大陸に上陸したヨーロッパ人も、ヨーロッパ的な知性をもたず、キリスト教徒でもない現地の住民を「人間」としては認めず、暴虐を働いたのである。

そうだとすると、人間愛にとって必要なのは、人間に共通な特質としての「人間性」を探し求めることではなく、むしろ人間の一人一人が掛け替えのない個別的存在であることに注目することであろう。われわれはここで、フォイエルバッハや、第12章であげた人々が説いた「私—汝」という考えに、いま一度立ち返ってみる必要がある。彼らが説いた人間愛は、出会ってくる他者をたんに三人称的な役割他者（ペルソナ）としてではなく、二人称の「汝」として愛する愛であった。「汝」は、そのつど個別的な、一回的な、ほかの他者と置き換えることのできない「この人」である。「私—汝」の関係は、このように出会ってくる他者をそのつど個別的な「この人」として愛することによって成立する。すべての人間を「等しく人間として」愛するとは、すべての人間を「等しく個別的なこの人として」愛することである。人間は、一人一人が掛け替えのない「この人」であることによって、「等しく」人間である。フロムは、「一人の人間を愛するということは、人間というものを愛することである」とするが、それはこうした人間愛の場において言えることなのである。

もっとも、自他の間に完全な「私―汝」関係が成立するためには、相手もまた私を汝として愛さなければならないであろう。だがそうした事態が生じるのは、現実にはむしろ稀であろう。それはもはや私の力を超えた事態であって、完全な「私―汝」関係の成立が、ブーバーによって、「恩寵」によるとされたのも、そのためである。しかしそうではあっても、まず自らの閉じた愛を「汝」に対する開いた愛に転換しなければ、「私―汝」関係の成立を望むことすらできないであろう。したがってまた、「私―汝」関係を、自分に親しい家族や友人や恋人との間でのみ成立可能と考えるのも、誤りである。そのように考えると、開いた愛はふたたび閉じた愛に転落するであろう。ベルクソンが、開いた愛の原型を「聖者」の愛に求めたのは、開いた愛が一般の、つまり聖者ではない人間にとって、きわめて困難なことを認めていたからである。他者からはなにも求めず、敵ですらも愛するというのは、聖者にのみ可能であろう。一般の人間は、閉じた社会を維持しようとする社会的本能から完全に離脱することはできない。しかしそれでも、たとえ不完全ではあれ、聖者の愛に近づこうと努力することは、すべての人にとって可能なのである。

人類倫理と理性

「汝」に対する愛は、そのつど個別的な「この人」に対する愛であるから、この愛に基づく行為を、「非人格的な公式」を用いて一義的に指示することはできない。『状況倫理（英situation ethics）』（一九六六）を書いたフレッチャーは、イエスが説いた人間愛を倫理の中心に据え、人間愛だけがつねに倫理的に善であり、倫理における唯一の規範であるとする。いわゆる律法主義者は、さまざまな律法を規範として掲げ、人間がそれに従うことを要求するが、しかし愛よりほかに、すべての状況において一律に妥当する規範は存在しない。つまり「愛は状況に応じて決断する」のであって、[17]そうした決断から生じた行為のみが「倫理的に善い」と言えるのである。もっとも、フレッチャーによると、この愛は、一人の人間にだけではなく、多くの人間にむけられる「多元的」な愛であるから、それだけにそれは「公平な」愛でなければならない。公平は「正義」であるから、「愛と正義とは同一である」し、「正義」とは「分配された愛」であって、愛はそのために思慮の働きを必要とする。つまり人々に公平に愛を分配するためには、愛は「思慮深い」愛でなければならないのである。[18]

思慮深さは、「私―汝」関係における人間愛においても必要である。「この人」を「この人」として愛し、「この人」の求めに応じるためには、「この人」が置かれている個別的状況について、できるだけ思慮をめぐらす必要がある。人間愛に基づく行為に際しては、役割行動の場合よりもはるかに思慮深さが要求されるであろう。思慮を働かせる能力は、昔から「理性」とよばれてきたものである。個別的な他者に対する人間愛は、したがって、理性的な愛である。われわれは今日、「理性」と言えば、科学的な計算能力だけを指すように思い、科学の進展につれて人間の生き方にさまざまな困難が生じたとして、「理性」を批判し、それに代えて人間の感情や情念を重視しようとする傾向にある。しかし理性の本来の機能を科学的知性にのみ限定し、理性を批判するのは、誤りである。人間愛から思慮の能力としての理性を排除し、それをもっぱら感情や情念に委ねるならば、人間愛は眼の眩んだ愛か、それとも感傷的な愛に陥るであろう。人間愛に必要なのは、他人の判断や世論に従うことではなくて、自分の理性を自律的に働かせ、それを創造的に発揮することである。人間愛は、自律的な愛であり、創造的な愛である。人間は各自が自由に自らの道徳を創造すべきであるとするサルトルの提言が生かされるのは、こうした人間愛の場においてであろう。

人間愛とは「この人」に対する愛であるが、ところでこのことは、「この人」の社会的役割を一切無視してよいということではない。人間愛においては、「この人」の社会的役割もまた、「この人」の個別性を担う一契機として、当然思慮されなければならない。しかし役割倫理では、出会ってくる他者は、まずもって役割他者としてのペルソナであり、次いでそのペルソナを担うものとして「この人」が考えられるが、人間愛や人類倫理にあっては、この順序が逆転する。出会ってくる他者はまずもって「この人」であり、次いで「この人」がどのような役割にあるかが、その個別性を担う一契機として思慮されるのである。この転換は、一見些細なことに見えるかもしれないが、しかし役割倫理から人類倫理への移行にとって、これは実は決定的な事柄である。この転換によって、たとえば親は、自分の子をたんに「子」の一人としてではなく、「この人」として、しかも「子」でもある「この人」として、愛することになる。親はそのことによって、たんに「親らしい親」としてではなく、「人間らしい親」として子に接することになろう。われわれがこれまで求めてきた「人間らしさ」としての人間性は、こうした人間の間において成立するのである。

「私―汝」関係に注目した人々は、汝に対する愛が、汝に対する応答であることを強調していた。愛はつねに応答すなわち責任を伴った愛である。したがってそこでは、自他の間の「対話」が重視される。人間愛に理性が必要とされるのは、この面からも言えるであろう。理性は対話する能力として、対話的理性である。しかし対話は、たんにコミュニケーションや討論のためにあるのではない。「汝」に対する応答としての対話は、自分の身を開いて他者の一回的な語りかけに耳を傾け、それに対して誠実に応答するといった対話である。応答としての対話は、その限りで誠実でなければならず、責任を伴っていなければならない。したがってこうした意味での対話は、言葉を必要としない場合もあろう。それはたとえ沈黙したままでも、「汝」に応じ答えるすべての行為において生じる出来事なのである。

人類倫理と宗教

民族宗教を超えて世界宗教にまで成長した宗教の「聖者」たちは、ベルクソンによると、いずれも開いた愛の体現者であり、人類道徳の提唱者であった。しかし宗教は、たとえ世界宗教であっても、いったん教団として活動を開始すると、他の宗教に対して自らを閉ざした閉鎖的な集団となることは、これまでの歴史が示すとおりである。カントは、『宗教論』のなかで、これまでの「キリスト教の歴史」に対して、否定的な態度をとっている。カントによると、そこには「隠者や修道士の生活における神秘的狂信」があり、またいわゆる奇蹟信仰は、「民衆を眼の眩んだ迷信の下に抑圧した」し、教権制度の確立とともに、「正統信仰という恐ろしい声」が聖書解釈者の口から発せられ、そこからまた激しい分派の争いが生じた。西方の世界では、「神の代理人と称する」「宗教上の元首」が、「国王たちを子供のように支配」して、外征（十字軍）に駆り立て、また国内では、「同じ一つの普遍的ないわゆるキリスト教のなかで思想を異にする仲間に対しての残忍な憎悪」に駆り立てた。「キリスト教のこの歴史は、もし人がこれを一幅の絵として一望の下に捉えるなら、「宗教はかくも多くの災厄をなさしめることができた〔ルクレティウス（前九四頃―五五）の言葉〕」という叫びを十分認めることもできる」のである。(19)

ところでカント自身が、「宗教」というものをどのように理解していたかは、第8章で述べた。カントは真正な宗教と見るのは、人間の道徳性を中心に据えた「道徳的宗教」である。それは具体的には、「われわれの〔道徳的〕義務を神の命令として認めること」であった。ある教団に属し、その教団が認める神を崇め、その神に奉仕し、それによって自分の幸福を得ようとするのは、他律的な宗教信仰であって、カントはこれを斥ける。道徳に先立ってまず神の命令があり、これに従うのが道徳的義務であると考えるのは、カントの見方によると、順序を転倒していることになる。人間はまず人間が従うべき道徳的義務が存在することを実践理性によって知るのであり、これをさらに神の命令として認めることによって、真正の宗教が成立するのである。したがってこの神は、実は特定の宗教集団内で信仰されている特定の神である必要はない。と言うよりも、もしそれがそうした特定の神であるならば、その神が命じたとされる道徳的義務は、その神を信じる集団のメンバーだけを規制する閉じた道徳に転落するのである。

「この人」に対する開いた人類愛を基本とする人類倫理も、その採用に先立って、特定の神を愛し、それを信仰するという形での宗教を必要としない。人類愛がもしそうした神の命令であり、それに従って人間を愛すべきだということになれば、その愛の対象は、結局は同じ神を信じる集団のメンバーに限定され、それはほかの宗教に従う人々を排除する結果になろう。だが「この人」に対する人間愛は、「この人」が既成のどのような宗教集団に属していようと、それによって左右されることはない。フォイエルバッハが、神への愛を人間への愛に転換すべきであり、それが世界史の転換点となると語ったのも、そうした理由からである。

では、人類倫理は、それに従うために、神をまったく必要としないのであろうか。カントが、実践理性による自律的な倫理を確立した後でも、神の存在や宗教の必要性を説いたのは、それが人間の道徳的な心構えをいっそう強固なものにすることを認めたからである。ベルクソンは、社会道徳とは異なった人類道徳が成立したのは、人々が「聖者」の示す人間愛の「魅力」に引かれ、それを模倣しようとしたからだと考えた。つまりベルクソンは、人間の知性よりも情緒の働きのうちに、人類道徳を促進する力を認めたのである。しかし人間の情緒というものは、きわめて不安定なものではなかろうか。人類道徳が情緒によってのみ支えられているとすれば、もしわれわれが「聖者」に魅力を感じなくなれば、それとともに人類道徳も崩壊することになろう。他方また、「この人」に対する人間愛には、すべての人間が個別的な「この人」であることによって絶対的価値すなわち尊厳をもつという考えが結びついているが、このことはいわゆる科学的な知性によって証明できることでもない。とすれば、残るのは信仰であって、人間が等しく個別的な「この人」として絶対的価値をもち、そうしたものとして愛し尊敬されるべき存在であるという考えは、人間はすべて平等に神によってそのように創造されているのだという信仰によって、はじめてその強固な支えを得るのである。だがこの神は、文字通り「人類」の神であって、特定の宗教集団において崇められている特定の神ではない。とは言え、この「人類」の神がどのような神であるかは、人間の限られた知性によって限定されることはできないであろう。しかし人間愛の実践に際して、この神について理論的な探索を試みることは、もはや不必要であろう。カントは、人間の実践理性の働きを、神に対する理性信仰と結びつけたが、この理性信仰はすべての人間にとって可能な信仰であり、したがってその神も、実はこうした「人類」の神であったと考えられるのである。

注

第1章　倫理学がたずねるもの

(1) プラトン『定義集』向坂寛訳　『プラトン全集　第一五巻』岩波書店　一九七五年　二四頁
(2) ディオゲネス・ラエルティオス『ギリシア哲学者列伝（中）』加来彰俊訳　岩波文庫　一九八九年　一四三頁
(3) パスカル『幾何学的精神について』前田陽一・由木康訳　『世界の名著　24　パスカル』前田陽一編　中央公論社　一九六六年　五〇二頁
(4) 「類」に「種差」を加えて「種」を定義する仕方にかんしては、たとえば、ポルピュリオス『イサゴーゲー』（水地宗明訳『世界の名著　続2　プロチノス・ポルピュリオス・プロクロス』田中美知太郎編　中央公論社　一九七六年　四一五頁以下）参照
(5) ホイジンガ『ホモ・ルーデンス』高橋英夫訳　中公文庫　一九七三年
(6) E・カッシーラー『人間』宮城音弥訳　岩波現代叢書　一九五三年　三四頁以下
(7) ベルグソン『笑い』鈴木力衛・仲沢紀雄訳　『ベルグソン全集　第三巻』白水社　一九六五年　一七頁
(8) シェーラー『哲学的世界観』亀井裕・安西和博訳　『シェーラー著作集　第一三巻』白水社　一九七七年　二八頁以下
(9) H・プレスナー『人間の条件を求めて』谷口茂訳　思索社　一九八五年　一九一頁以下

(10) アリストテレス『ニコマコス倫理学　上』高田三郎訳　岩波文庫　一九七一年　二四頁以下

第2章　人間性について

(1) F・マイネッケ『歴史主義の成立　上』菊盛英夫・麻生建訳　筑摩叢書　一九六八年　一三頁
(2) マンハイム『歴史主義』徳永恂訳　未來社　一九七〇年　六頁
(3) アルフレッド・スターン『歴史哲学と価値の問題』細谷・船橋・小林訳　岩波書店　一九六六年　二三二頁
(4) 前掲書　二三〇頁
(5) ジョン・ロック『人間知性論（二）』大槻春彦訳　岩波文庫　一九七四年　三四三頁
(6) J・P・サルトル『実存主義とは何か［改訂版］』伊吹武彦訳　人文書院　一九七八年　一三頁
(7) 前掲書　四一頁
(8) 前掲書　三〇頁
(9) ハイデガー『存在と時間』原佑・渡辺二郎訳『世界の名著 62 ハイデガー』原佑編　中央公論社　一九七一年　一二〇頁
(10) 前掲書　三七頁以下

第3章　自然主義(1)

(1) G・E・R・ロイド『アリストテレス』川田殖訳　みすず書房　一九七三年　一五四頁
(2) アリストテレス『霊魂論』山本光雄訳『アリストテレス全集　第六巻』岩波書店　一九六八

年　四六頁以下
(3) アリストテレス『動物部分論』島崎三郎訳　『アリストテレス全集　第八巻』岩波書店　一九六九年　三一一頁
(4) プラトン『クリトン』田中美知太郎訳　『プラトン全集　第一巻』岩波書店　一九七五年　一三三頁
(5) プラトン『ソクラテスの弁明』田中美知太郎訳　前掲『プラトン全集　第一巻』一〇五頁
(6) アリストテレス『ニコマコス倫理学　上』前掲　三三頁参照
(7) 前掲書　二〇頁
(8) 前掲書　五四頁
(9) アリストテレス『ニコマコス倫理学　下』高田三郎訳　岩波文庫　一九七三年　一七三頁以下
(10) 前掲『ニコマコス倫理学　上』六九頁以下
(11) 「倫理的徳」と「中」と「思慮」との関係については、前掲書　七一頁以下、二四七頁以下参照
(12) 前掲書　六一頁
(13) 前掲書　六九頁
(14) 「正義」については、前掲書　一六九頁以下参照
(15) 「親愛」については、前掲『ニコマコス倫理学　下』六五頁以下参照
(16) 前掲『ニコマコス倫理学　下』八五頁
(17) 前掲書　七七頁
(18) 前掲書　七三頁

(19) 前掲『ニコマコス倫理学 上』五五頁以下
(20) アリストテレス『政治学』山本光雄訳 岩波文庫 一九六一年 三五頁、また前掲『ニコマコス倫理学 上』三一頁参照
(21) プラトン『クリトン』前掲 一三八頁以下参照
(22) プラトン『国家 上』藤沢令夫訳 岩波文庫 一九七九年 二八一頁以下参照
(23) アリストテレス『政治学』前掲 三四頁
(24) 前掲書 三五頁以下
(25) 前掲書 二〇二頁
(26) 前掲『ニコマコス倫理学 上』三一頁
(27) 前掲書 一九二頁
(28) 前掲書 一七二頁
(29) 前掲『ニコマコス倫理学 下』六六頁
(30) 前掲書 一二六頁

第4章 自然主義(2)

(1) ディオゲネス・ラエルティオス『ギリシア哲学者列伝(中)』前掲 一六二頁
(2) 『エピクロス』出隆・岩崎允胤訳 岩波文庫 一九五九年 一一九頁
(3) 前掲書 一三〇頁
(4) 前掲書 七〇頁
(5) 前掲書 一四七頁

(6) 前掲書　一四四頁
(7) 前掲書　一〇七頁
(8) 前掲書　六九、七二頁
(9) 前掲書　一〇三頁
(10) 前掲書　一〇九頁
(11) 前掲書　七〇頁以下
(12) 前掲書　七一、七二頁
(13) 前掲書　一二五頁
(14) ディオゲネス・ラエルティオス『ギリシア哲学者列伝（中）』前掲　二七四頁
(15) 前掲書　二七三頁
(16) 前掲書　二七五頁
(17) 『後期ギリシア哲学者資料集』山本光雄・戸塚七郎訳編　岩波書店　一九八五年　一〇七頁参照
(18) 前掲書　一〇八頁
(19) 前掲書　一〇二頁以下
(20) 前掲書　一〇三頁
(21) 前掲書　一〇三頁
(22) 前掲書　一〇三頁
(23) 前掲書　一一六頁
(24) 前掲書　一一六頁

(25) 前掲書　一一七頁
(26) 前掲書　一一八頁
(27) ディオゲネス・ラエルティオス『ギリシア哲学者列伝（中）』前掲　二九四頁
(28)『後期ギリシア哲学者資料集』前掲　一一九頁
(29) 前掲書　一二〇頁

第5章　主我主義と主他主義

(1) ショーペンハウアー『道徳の基礎について』前田敬作・今村孝訳『ショーペンハウアー全集 第九巻　倫理学の二つの根本問題』白水社　一九七三年　三〇六頁以下
(2) 前掲書　三〇七頁
(3) 前掲書　三〇七頁
(4) 前掲書　三一三頁
(5) 前掲書　三一三頁
(6) 前掲書　三一三頁以下
(7) 前掲書　三〇六頁
(8) 前掲書　三一〇頁
(9) 前掲書　三一〇頁
(10) 前掲書　三〇九頁
(11) 前掲書　三二〇頁
(12) 前掲書　三一八頁

(13) 前掲書　三三二頁
(14) 前掲書　三三二頁
(15) 前掲書　三三四頁
(16) 前掲書　三三四頁以下
(17) 前掲書　三三九頁
(18) 前掲書　三三九頁
(19) 前掲書　三四七頁
(20) 前掲書　三四七頁
(21) 前掲書　四一一頁
(22) 前掲書　四一三頁
(23) 前掲書　四〇八頁
(24) 前掲書　三六一頁、三六四頁以下参照
(25) リップス『倫理学の根本問題』島田四郎訳　玉川大学出版部　一九六〇年　一一頁
(26) A・C・ユーイング『倫理学』竹尾・山内・芝訳　法律文化社　一九七七年　三七頁
(27) リップス『倫理学の根本問題』前掲　三四頁
(28) ニーチェ『道徳の系譜』木場深定訳　岩波文庫　一九四〇年　二三頁
(29) リップス『倫理学の根本問題』前掲　一一頁以下参照
(30) 前掲書　一五頁
(31) 前掲書　一五頁以下参照
(32) 前掲書　三五頁

(33) 前掲書　四一頁
(34) ユーイング『倫理学』前掲　四六頁

第6章　自然主義(3)

(1) ベンサム『道徳および立法の諸原理序説』山下重一訳『世界の名著 38 ベンサム ミル』関嘉彦編　中央公論社　一九六七年　八一頁以下
(2) 前掲書　八九頁以下
(3) 前掲書　一一三頁以下参照
(4) 前掲書　一一七頁参照
(5) 前掲書　一一四頁
(6) 前掲書　八二、八六頁
(7) ミル『功利主義論』伊原吉之助訳　前掲『世界の名著 38 ベンサム ミル』四七二、五二六頁
(8) ベンサム『道徳および立法の諸原理序説』前掲　八六頁
(9) ハチスン『美と徳の観念の起源』山田英彦訳　玉川大学出版部　一九八三年　一六〇頁
(10) ベンサム『道徳および立法の諸原理序説』前掲　八三頁
(11) 前掲書　八二頁
(12) 前掲書　二〇七頁参照
(13) D・D・ラファエル『道徳哲学』野田又夫・伊藤邦武訳　紀伊國屋書店　一九八四年　八六頁
(14) ミル『功利主義論』前掲　四六九頁

(15) 前掲書　四六八頁参照
(16) 前掲書　四六九頁
(17) 前掲書　四六九頁
(18) 前掲書　四六九頁
(19) 前掲書　四七〇頁
(20) 前掲書　四七〇頁
(21) 前掲書　四六六頁
(22) 前掲書　四七二頁
(23) 前掲書　四七八頁
(24) 前掲書　四七八頁
(25) 前掲書　四七八頁
(26) 前掲書　四七八頁
(27) 前掲書　四七八頁
(28) 前掲書　四七三頁
(29) 前掲書　四八八頁
(30) 前掲書　四九六頁
(31) 前掲書　四九四頁
(32) 前掲書　四九三頁
(33) 前掲書　四九四頁

第7章 功利主義批判と義務論

(1) ミル『功利主義論』前掲 五〇〇頁
(2) 前掲書 五〇〇頁
(3) ベンサム『道徳および立法の諸原理序説』前掲 一一八頁
(4) 本書 六一頁
(5) G・E・ムーア『倫理学原理』深谷昭三訳 三和書房 一九七三年 九頁以下
(6) 前掲書 八頁
(7) 前掲書 五〇頁
(8) 前掲書 一七頁以下
(9) ミル『功利主義論』前掲 四九七頁
(10) 本書 八〇頁参照
(11) ムーア『倫理学原理』前掲 七七頁
(12) 前掲書 二六二頁以下
(13) 前掲書 一九四頁
(14) ミル『功利主義論』前掲 四七九頁
(15) 前掲書 四八一頁
(16) W・K・フランケナ『倫理学［改訂版］』杖下隆英訳 培風館 一九七五年 一六頁以下
(17) S・D・ロス『「正しい」ということの意味［『正と善』第一章］』林竹二訳『現代倫理学大系第一巻』矢島・岩崎・細谷監修 洋々社 一九五七年 二五一頁以下
(18) S・D・ロス『正しい行為を正しい行為たらしめるところのものは何か［『正と善』第二章］』

長谷川松治訳　前掲『現代倫理学大系　第一巻』二七一頁以下
(19) フランケナ『倫理学』前掲　四四頁
(20) ロス『正しい行為を正しい行為たらしめるところのものは何か』前掲　二七五頁以下
(21) フランケナ『倫理学』前掲　七七頁
(22) 前掲書　七七頁以下
(23) 前掲書　一一一頁以下

第8章　カントの倫理学

(1) カント『道徳形而上学の基礎づけ』宇都宮芳明訳注　以文社　一九八九年　三六頁
(2) 前掲書　二五頁
(3) 前掲書　二六頁
(4) 前掲書　二七頁以下
(5) 前掲書　二八頁
(6) 前掲書　二八頁
(7) 前掲書　二九頁
(8) 前掲書　三〇頁以下
(9) 前掲書　八四頁以下
(10) 前掲書　八八頁以下
(11) 前掲書　九四頁以下
(12) 前掲書　一〇三頁

(13) 前掲書 一〇四頁
(14) 前掲書 一二六頁
(15) 前掲書 一二九頁
(16) 前掲書 一六〇頁以下
(17) 前掲書 一六二頁
(18) 前掲書 一七四頁以下
(19) 前掲書 一九五頁以下
(20) 前掲書 一四九頁
(21) 前掲書 一五五頁
(22) カント『道徳形而上学』吉沢伝三郎・尾田幸雄訳 『カント全集 第一一巻』理想社 一九六五年 三四七頁以下
(23) カント『純粋理性批判〔新装版〕』高峯一愚訳 河出書房新社 一九八九年 五一五頁以下
(24) カントの「理性信仰」については、カント『実践理性批判』宇都宮芳明訳注 以文社 一九九〇年 三一四、三五六頁参照
(25) 前掲書 三〇四頁以下
(26) 前掲書 三二一頁
(27) カント『宗教論』飯島宗享・宇都宮芳明訳 『カント全集 第九巻』理想社 一九七四年 二一三頁

第9章　歴史主義と倫理

(1) 本書　三七―三八頁
(2) ヘーゲル『歴史哲学講義（上）』長谷川宏訳　岩波文庫　一九九四年　二六頁
(3) ヘーゲル『法の哲学』藤野渉・赤沢正敏訳『世界の名著 35 ヘーゲル』岩崎武雄編　中央公論社　一九六七年　一七一頁
(4) 前掲書　六〇〇頁以下
(5) マイネッケ『歴史主義の成立 上』前掲　五頁
(6) ヴィンデルバント『歴史と自然科学』篠田英雄訳『歴史と自然科学・道徳の原理に就て・聖』岩波文庫　一九二九年　一九頁
(7) リッケルト『文化科学と自然科学』佐竹哲雄・豊川昇訳　岩波文庫　一九三九年　一〇四頁
(8) ディルタイ『世界観の研究』山本英一訳　岩波文庫　一九三五年　二三頁以下
(9) アントーニ『歴史主義』新井慎一訳　創文社　一九七三年　一六一頁以下
(10) ユージン・カメンカ『マルクス主義と倫理学』木村雅昭訳　紀伊國屋書店　一九七〇年　二九頁以下
(11) マルクス『経済学批判』武田・遠藤・大内・加藤訳　岩波文庫　一九五六年　一三頁以下
(12) エンゲルス『反デューリング論　上巻』粟田賢三訳　岩波文庫　一九五二年　一五七頁
(13) 前掲書　一五八頁
(14) 前掲書　一五八頁以下
(15) 前掲書　一五九頁
(16) スターン『歴史哲学と価値の問題』前掲　三〇四頁

第10章　実存主義と倫理

(1) ハイデガー『存在と時間』前掲　一二〇頁
(2) 前掲書　一二一頁以下
(3) 前掲書　八六頁、一二三頁以下
(4) 前掲書　二四〇頁
(5) 前掲書　二四四頁
(6) 前掲書　三二六頁
(7) 前掲書　四二八頁
(8) 前掲書　四五一頁
(9) 前掲書　五一〇頁
(10) 前掲書　一二二頁
(11) 前掲書　四一二頁以下
(12) サルトル『実存主義とは何か』前掲　一六頁
(13) 前掲書　一七頁
(14) 本書　四一頁
(15) 前掲書　三一頁以下、三七頁
(16) サルトル『存在と無　Ⅲ』松浪信三郎訳　人文書院　一九六〇年　四二八頁
(17) 前掲書　四三一頁
(18) 前掲『実存主義とは何か』六五頁

(19) 前掲書　六〇頁以下
(20) 前掲書　六四頁
(21) 前掲書　五一頁
(22) 前掲書　五一頁以下
(23) サルトル『存在と無　Ⅱ』松浪信三郎訳　人文書院　一九五八年　一一頁以下
(24) 前掲書　四一三頁
(25) 前掲書　二三三頁以下
(26) 前掲書　二三三頁
(27) 前掲書　二三九頁
(28) 前掲書　四七七頁

第11章　人「間」と倫理

(1) スターン『歴史哲学と価値の問題』前掲　三三一頁
(2) 前掲書　三三一頁
(3) 前掲書　三四七頁
(4) 前掲書　三五五頁
(5) 前掲書　三五七頁以下
(6) 和辻哲郎『人間の学としての倫理学』『和辻哲郎全集　第九巻』岩波書店　一九六二年　一七頁以下
(7) 前掲書　二〇頁

(8) 前掲書 一六頁
(9) フォイエルバッハ『将来の哲学の根本命題』『将来の哲学の根本命題 他二篇』松村一人・和田楽訳 岩波文庫 一九六七年 九二頁
(10) 前掲書 九三頁
(11) 前掲書 九四頁
(12) 前掲書 九四頁
(13) フォイエルバッハ『ヘーゲル哲学の批判』前掲『将来の哲学の根本命題 他二篇』一三七頁
(14) 前掲『将来の哲学の根本命題』二三頁以下
(15) フォイエルバッハ『キリスト教の本質 上巻』船山信一訳 岩波文庫 一九三七年 三〇〇頁
(16) フォイエルバッハ『キリスト教の本質 下巻』船山信一訳 岩波文庫 一九三七年 一六七頁
(17) 前掲『将来の哲学の根本命題』五五頁
(18) 前掲書 五一頁以下
(19) 前掲書 五三頁
(20) 前掲書 七八頁
(21) 前掲『キリスト教の本質 上巻』一八九頁
(22) フォイエルバッハ『遺稿短文集』佐々木敏二訳『フォイエルバッハ選集 人間論集』篠田・中桐・田中編 法律文化社 一九六八年 二八六頁
(23) 前掲書 二八六頁以下
(24) 前掲『将来の哲学の根本命題』七〇頁
(25) 前掲書 七〇頁以下

(26) フォイエルバッハ『私の哲学的発展行程の特色づけのための断片』向井守訳　前掲『フォイエルバッハ選集　人間論集』二五六頁
(27) 前掲『将来の哲学の根本命題』七八頁
(28) 前掲『私の哲学的発展行程の特色づけのための断片』二五八頁
(29) 前掲『キリスト教の本質　上巻』三〇八頁以下
(30) 前掲『私の哲学的発展行程の特色づけのための断片』二五八頁
(31) フォイエルバッハ『唯心論と唯物論』船山信一訳　岩波文庫　一九五五年　四六頁
(32) 前掲書　四七頁

第12章 「私と汝」のその後の展開

(1) ブーバー『人間とは何か』児島洋訳　理想社　一九六一年　六八頁
(2) ブーバー『我と汝』田口義弘訳　『ブーバー著作集　第一巻』みすず書房　一九六七年　五頁以下
(3) 前掲書　八頁以下、八四頁
(4) 前掲書　八四頁以下
(5) 前掲書　一一頁以下、一六四頁参照
(6) 前掲書　六九頁
(7) ブーバー『人間の間柄の諸要素』佐藤吉昭・佐藤令子訳　『ブーバー著作集　第二巻』みすず書房　一九六八年　一〇〇頁
(8) ブーバー『対話』田口義弘訳　前掲『ブーバー著作集　第一巻』二〇〇頁以下

(9) 前掲『我と汝』五三頁
(10) 前掲『対話』二一四頁
(11) 前掲『我と汝』二二頁
(12) 前掲書 二三頁
(13) 前掲書 九八頁
(14) 前掲書 一三一頁以下
(15) 前掲書 一七頁
(16) 前掲『人間とは何か』一〇八頁以下
(17) ムーニエ『実存主義案内』竹下春日訳 理想社 一九六四年 一八八頁
(18) マルセル『われとなんじ』山本誠作訳 『ブーバー著作集 第一〇巻〔ブーバー研究〕』みすず書房 一九七〇年 三頁
(19) マルセル『存在と所有』渡辺秀・広瀬京一郎訳 理想社 一九六七年 一四八頁以下
(20) 前掲書 一五二頁以下
(21) マルセル『存在の神秘』松浪信三郎・掛下栄一郎訳 『マルセル著作集 第五巻』春秋社 一九七七年 二二五頁以下
(22) 前掲書 二三三頁
(23) 前掲書 三八五頁参照
(24) 前掲書 三八五頁
(25) 前掲書 三六七頁
(26) 前掲書 二三九頁

(27) ヤスパース『理性と実存』草薙正夫訳　新潮文庫　一九五五年　一一六頁
(28) ヤスパース『実存開明』〔『哲学　第二巻』〕草薙正夫・信太正三訳　創文社　一九六四年　六九頁
(29) 前掲書　六八頁
(30) 前掲書　七七頁以下
(31) 前掲書　八五頁
(32) ヤスパース『形而上学』〔『哲学　第三巻』〕鈴木三郎訳　創文社　一九六九年　一八九頁
(33) バルト『人間について』〔『教会教義学』から〕山本和訳　『現代の信仰』佐古純一郎編　平凡社　一九六七年　一六三頁
(34) 前掲書　二〇七頁以下
(35) 前掲書　二〇九頁
(36) 前掲書　二一六頁
(37) 前掲書　二三二頁以下
(38) テンニエス『ゲマインシャフトとゲゼルシャフト　上』杉之原寿一訳　岩波文庫　一九五七年　三七頁
(39) 前掲書　九一頁

第13章　役割関係と役割倫理

(1) レーヴィット『人間存在の倫理』佐々木一義訳　理想社　一九六七年　一一頁
(2) 前掲書　一〇頁

(3) ロック『人間知性論(二)』前掲 三一二頁
(4) 本書 一二六頁
(5) ペルソナの古義にかんしては、たとえば次の書物を参照。G・W・オールポート『パーソナリティ』詫摩・青木・近藤・堀共訳 新曜社 一九八一年 二一頁以下
(6) レーヴィット『人間存在の倫理』前掲 一四一頁以下
(7) 前掲書 一三四頁以下
(8) ダーレンドルフ『ホモ・ソシオロジクス』橋本和幸訳 ミネルヴァ書房 一九七三年 四六頁
(9) 前掲書 四九頁
(10) 前掲書 五一頁以下
(11) 前掲書 五五頁以下
(12) 前掲書 五三頁
(13) 前掲書 一二八頁
(14) 前掲書 八九頁以下
(15) 前掲書 一四四頁
(16) 前掲書 一五八頁
(17) 前掲書 一五九頁
(18) エーリッヒ・フロム『自由からの逃走』日高六郎訳 創元社 一九五一年 二二四頁
(19) レーヴィット『人間存在の倫理』前掲 二二五頁以下
(20) 前掲書 二四三頁
(21) 本書 三八頁

第14章　和辻倫理学

（1）本書　一六七頁
（2）和辻哲郎『倫理学　上』『和辻哲郎全集　第一〇巻』岩波書店　一九六二年　一一頁
（3）フォイエルバッハ『幸福主義』田中英三訳　前掲『フォイエルバッハ選集　人間論集』四四頁
（4）フォイエルバッハ『唯心論と唯物論』前掲　四六頁
（5）和辻哲郎『人間の学としての倫理学』前掲『和辻哲郎全集　第九巻』一〇九頁以下
（6）前掲『倫理学　上』一九頁以下
（7）前掲『人間の学としての倫理学』二〇頁
（8）前掲書　二七頁
（9）前掲『倫理学　上』二六頁
（10）前掲書　二六頁以下
（11）前掲書　一四一頁
（12）前掲書　一四二頁
（13）前掲書　一四二頁
（14）前掲書　一四二頁
（15）前掲書　二七頁
（16）前掲書　一五二頁以下
（17）前掲書　三三六頁以下
（18）前掲書　三八二頁以下

(19) 前掲書　四三五頁以下
(20) 前掲書　四四四頁以下
(21) 前掲書　五一九頁以下
(22) 前掲書　五九二頁以下
(23) 前掲書　三三七頁以下
(24) 前掲書　二九頁
(25) 前掲書　五九四頁
(26) 前掲書　五九五頁
(27) 前掲書　六〇五頁
(28) ヘーゲル『法の哲学』　前掲『世界の名著　35　ヘーゲル』四八一頁
(29) 前掲書　四八〇頁
(30) 和辻哲郎『倫理学　上』前掲　五九四頁
(31) 前掲書　五九三頁
(32) 和辻哲郎『倫理学　下』『和辻哲郎全集　第一一巻』岩波書店　一九六二年　四〇一頁以下
(33) 前掲書　四〇六頁
(34) 前掲書　四〇七頁
(35) 前掲書　四〇七頁以下
(36) 前掲書　四〇八頁
(37) 前掲『倫理学　上』五九六、六〇五頁
(38) 前掲書　五七〇頁

(39) 前掲書　五八八頁
(40) 前掲書　五九一頁
(41) 前掲書　五八九頁
(42) 和辻哲郎『人格と人類性』前掲『和辻哲郎全集　第九巻』四三一頁以下
(43) 前掲書　三八五頁
(44) 本書　二〇七頁
(45) 前掲『倫理学　上』五八五頁

第15章　社会倫理と人類倫理

(1) ベルクソン『道徳と宗教の二源泉〔改訳版〕』平山高次訳　岩波文庫　一九七七年　三七頁
(2) 前掲書　三九頁
(3) 前掲書　三五二頁
(4) 前掲書　三九頁
(5) 前掲書　四五頁以下
(6) 前掲書　七七頁以下
(7) 前掲書　七二、七八頁
(8) 前掲書　四二頁
(9) 前掲書　四二頁
(10) 前掲書　六一頁以下
(11) 前掲書　三八頁

(12) 前掲書　三七頁以下
(13) 前掲書　一二五頁以下
(14) 前掲書　二三頁以下
(15) デュウイ＝タフツ『社会倫理学』久野収訳　『世界の大思想　27』河出書房　一九六六年　五一二頁以下
(16) E・フロム『人間における自由』谷口隆之助・早坂泰次郎訳　創元社　一九五五年　一五八頁
(17) J・フレッチャー『状況倫理』小原信訳　新教出版社　一九七一年　二一一頁
(18) 前掲書　一三五頁以下
(19) カント『宗教論』前掲『カント全集　第九巻』一八二頁以下

参考文献

第1章　倫理学がたずねるもの

M・ラントマン『人間学としての人類学』谷口茂訳　思索社　一九七二年
H・プレスナー『人間の条件を求めて』谷口茂訳　思索社　一九八五年
E・ロータッカー『人間学のすすめ』谷口茂訳　思索社　一九七八年
A・ゲーレン『人間学の探究』亀井裕・滝浦静雄訳　紀伊國屋書店　一九七〇年
ボルノウ／プレスナー『現代の哲学的人間学』藤田健治他訳　白水社　一九七六年
宇都宮芳明「人間」井上忠編『哲学』弘文堂　一九七九年　一七頁以下

第2章　人間性について

第1章に掲げた参考文献のほかに、この章および以下の全体について

宇都宮芳明『人間の間と倫理』以文社　一九八〇年
宇都宮芳明・熊野純彦編『倫理学を学ぶ人のために』世界思想社　一九九四年

第3章　自然主義(1)

「アリストテレス全集」全一七巻　岩波書店　一九六八―七三年（加藤信朗訳『ニコマコス倫理学』は第一三巻に、山本光雄訳『政治学』は第一五巻に、収録されている）

アリストテレス『ニコマコス倫理学　上・下』高田三郎訳　岩波文庫　一九七一―七三年
アリストテレス『政治学』山本光雄訳　岩波文庫　一九六一年
『世界の名著　8　アリストテレス』田中美知太郎編　中央公論社　一九七二年
『人類の知的遺産　8　アリストテレス』今道友信編　講談社　一九八〇年
岩田靖夫『アリストテレスの倫理思想』岩波書店　一九八五年

第4章　自然主義(2)

『エピクロス』出隆・岩崎允胤訳　岩波文庫　一九五九年
『後期ギリシア哲学者資料集』山本光雄・戸塚七郎訳編　岩波書店　一九八五年
ディオゲネス・ラエルティオス『ギリシア哲学者列伝（中）』加来彰俊訳　岩波文庫　一九八九年
ディオゲネス・ラエルティオス『ギリシア哲学者列伝（下）』加来彰俊訳　岩波文庫　一九九四年
『人類の知的遺産　10　ヘレニズムの思想家』岩崎允胤編　講談社　一九八二年
ジャン・ブラン『エピクロス哲学』有田潤訳　白水社文庫クセジュ　一九六〇年
ジャン・ブラン『ストア哲学』有田潤訳　白水社文庫クセジュ　一九五九年
堀田彰『エピクロスとストア』清水書院　一九八九年
A・R・ダントレーヴ『自然法』久保正幡訳　岩波書店　一九五二年

第5章　主我主義と主他主義

『ショーペンハウアー全集　第九巻　倫理学の二つの根本問題』白水社　一九七三年
リップス『倫理学の根本問題』島田四郎訳　玉川大学出版部　一九六〇年

A・C・ユーイング『倫理学』竹尾・山内・芝訳　法律文化社　一九七七年

第6章　自然主義(3)

『世界の名著　38　ベンサム　ミル』関嘉彦編　中央公論社　一九六七年
W・トマス『J・S・ミル』安川隆司・杉山忠平訳　雄松堂出版　一九八七年
小泉仰『ミルの世界』講談社学術文庫　一九八八年

第7章　功利主義批判と義務論

G・E・ムーア『倫理学原理』深谷昭三訳　三和書房　一九七三年
G・E・ムーア『倫理学』深谷昭三訳　法政大学出版局　一九七七年
W・K・フランケナ『倫理学［改訂版］』杖下隆英訳　培風館　一九七五年

第8章　カントの倫理学

カント『道徳形而上学の基礎づけ』宇都宮芳明訳注　以文社　一九八九年
カント『実践理性批判』宇都宮芳明訳注　以文社　一九九〇年
ジャン・ラクロワ『カント哲学』木田元・渡辺昭造訳　白水社　一九七一年
J・シュヴァルトレンダー『カントの人間論』佐竹昭臣訳　成文堂　一九八六年
H・J・ペイトン『定言命法』杉田聡訳　行路社　一九八六年
L・W・ベック『カント「実践理性批判」の注解』藤田昇吾訳　新地書房　一九八五年

第9章　歴史主義と倫理

F・マイネッケ『歴史主義の成立　上・下』菊盛英夫・麻生建訳　筑摩叢書　一九六八年
マンハイム『歴史主義』徳永恂訳　未來社　一九七〇年
アントーニ『歴史主義』新井慎一訳　創文社　一九七三年
アルフレッド・スターン『歴史哲学と価値の問題』細谷・船橋・小林訳　岩波書店　一九六六年
トレルチ『歴史主義とその克服』大坪重明訳　理想社　一九六八年
K・ポパー『歴史主義の貧困』久野収・市井三郎訳　中央公論社　一九六一年
K・レーヴィット『世界と世界史』柴田治三郎訳　岩波書店　一九五九年
E・カメンカ『マルクス主義の倫理学的基礎』藤野渉・赤沢雅昭訳　岩波書店　一九六五年
ユージン・カメンカ『マルクス主義と倫理学』木村雅昭訳　紀伊國屋書店　一九七〇年
L・M・アルハンゲリスキー『マルクス主義倫理学の基礎概念』小牧・岩田・伊藤・五十嵐訳　啓隆閣　一九七四年

第10章　実存主義と倫理

ハイデガー『存在と時間』原佑・渡辺二郎訳　『世界の名著　62　ハイデガー』原佑編　中央公論社　一九七一年
サルトル『実存主義とは何か〔改訂版〕』伊吹武彦訳　人文書院　一九七八年
サルトル『存在と無　Ⅰ・Ⅱ・Ⅲ』松浪信三郎訳　人文書院　一九五六―六〇年

第11章　人「間」と倫理

アルフレッド・スターン『歴史哲学と価値の問題』細谷・船橋・小林訳　岩波書店　一九六六年
「フォイエルバッハ全集」全一八巻　船山信一訳　福村出版　一九七三—七六年
「フォイエルバッハ選集」全三巻　篠田一人・中桐大有・田中英三編　法律文化社　一九六八—七〇年
フォイエルバッハ『将来の哲学の根本命題　他二篇』松村一人・和田楽訳　岩波文庫　一九六七年
フォイエルバッハ『キリスト教の本質　上・下』船山信一訳　岩波文庫　一九三七年
フォイエルバッハ『唯心論と唯物論』船山信一訳　岩波文庫　一九五五年
宇都宮芳明『フォイエルバッハ』清水書院　一九八三年

第12章　「私と汝」のその後の展開

「ブーバー著作集」全一〇巻　みすず書房　一九六七—七〇年
ブーバー『人間とは何か』児島洋訳　理想社　一九六一年
「マルセル著作集」全八巻　春秋社　一九六六—七七年
ヤスパース『理性と実存』草薙正夫訳　新潮文庫　一九五五年
『世界の名著　続13　ヤスパース　マルセル』山本信編　中央公論社　一九七六年
宇都宮芳明『ヤスパース』清水書院　一九六九年
大島末男『カール＝バルト』清水書院　一九八六年

第13章　役割関係と役割倫理

レーヴィット『人間存在の倫理』佐々木一義訳　理想社　一九六七年
ダーレンドルフ『ホモ・ソシオロジクス』橋本和幸訳　ミネルヴァ書房　一九七三年
森好夫『文化と社会的役割』恒星社厚生閣　一九七二年

第14章　和辻倫理学

「第三次　和辻哲郎全集」全二〇巻、別巻二巻　岩波書店　一九八九―九二年
湯浅泰雄『和辻哲郎』ちくま学芸文庫　一九九五年

第15章　社会倫理と人類倫理

ベルクソン『道徳と宗教の二源泉［改訳版］』平山高次訳　岩波文庫　一九七七年
J・フレッチャー『状況倫理』小原信訳　新教出版社　一九七一年
カント『宗教論』飯島宗享・宇都宮芳明訳　『カント全集　第九巻』理想社　一九七四年

解説　人「間」の倫理学へむけて

三重野清顕

本書『倫理学入門』は、倫理学史上に登場するさまざまな立場を整理した、倫理学一般への入門書であるとともに、諸個人の間にある存在として人間を捉えたうえで探究された、著者独自の倫理学への手引きでもある。以下、㈠著者について、㈡本書の概要、㈢本書で扱われなかった問題との関連について、簡単に論じることで、ささやかながら解説にかえたいと思う。

一、著者について

本書の著者である宇都宮芳明（一九三一～二〇〇七）は、東京大学文学部哲学科卒業後、一九六一年から一九九五年まで長きにわたって北海道大学で教育・研究にあたった。比較的若い読者にとって、著者の主要な研究領域として想起されるのは、カント哲学研究であろう。この分野における著者の業績としては、単著『カントと神――理性信仰・道徳・宗教』(岩波書店、一九九八)、『カントの啓蒙精神――人類の啓蒙と永遠平和にむけて』(岩波書店、二〇〇六)、共編著『カント哲学のコンテクスト』(熊野純彦、新田孝彦共編、北海道大学図書刊行会、一九九七)などがある。また、原典の翻訳も数多く、『宗教論』(『カント全集第九巻』飯島宗享共訳、理想社、一九七四)のほか、カントの著作群の中心をなす『純粋理性批判』(監訳、二〇〇四)、『道徳形而上学の基礎づけ』(一九八九)、『実践理性批判』(一九九〇)、『判断力批判』(一九九四)の邦訳および注釈(ともに以文社)を成し遂げている。『永遠平和のために』(岩波文庫、一九八五)の邦訳は、多くの人々にとって手に取りやすく、著者自身にとっても、その後のカントへの集中的な取り組みの発端となった重要な業績である。

著者は「若い頃からカントに親しみ」(『カントと神』、三八八頁)、前述のとおりカント研究における多大な功績があるのは事実であるが、そこでの問題意識も幅広い哲学史的展望に基づく古典文献との対話の中で培われてきたものであった。その思索の出発点は、実存主義にある。定評ある評伝シリーズである清水書院「センチュリーブックス・人と思想」で、著者は『ヤスパース』(一九六九)、『フォイエルバッハ』(一九八三)を執筆している。また、理想社版「ハイデッガー選集」では、『ロゴス・モイラ・アレーテイア』(第三三巻、一九八三）の邦訳を担当した。著者によれば（『ヤスパース』、五頁）、卒業論文と修士論文ではハイデッガーを扱ったとのことである。評伝『フォイエルバッハ』も、本書を読めば、著者の業績においてけっして周縁部を占めるものではなく、むしろその中心に位置づけられるべきものであることが理解できるであろう。

このように著者の仕事を振り返ってみると、西洋哲学研究の領域での手堅い業績が目につくかもしれない。しかしその哲学的業績は、狭義の哲学史研究の内部に閉じ込められるものではなく、「間」の存在としての人間そのものの根本理解に倫理を基礎づける、独自の「相互主体性の哲学」の構想を背景にするものであった。本書の骨格は、『人間の間と倫理——倫理基準の検討と倫理理論の批判』（以文社、一九八〇年）において、すでに学問的な形で提示されている。そこでの著者自身の言によれば、倫理学分野への本格的な取り組みは、北海道大学での「倫理学概論」の講義が機縁となったとのことである（二二五頁）。これは外的な動機と見えるかもしれないが、その後のカント研究にも、また最晩年に刊行された論文集『人間の哲学の再生にむけて——相互主体性の哲学』（世界思想社、二〇〇七年。ただし、収録論文の大半は一九七〇—八〇年代に執筆されたものである）にも、ここでの根本的な問題意識が一貫した底流として認められる。本書『倫理学入門』においては、この宇都宮倫理学の基本理念が明確に示され、それが円熟した見通しの良い形で展開されている。

二、本書の概要

本書は、もとは放送大学の教材（『倫理学入門』、一九九七年）として執筆、出版された。「入門」と銘打たれているものの、前述のように本書の内容は、著者が追求しつづけた「相互主体性の哲学」の円熟期における体系的展開であり、その哲学的内実はきわめて高度なものだと言える。その一方で本書は、「入門」の名にふさわしく、倫理学史上のさまざまな学説を整理、配置したうえで、それらの要点を明瞭に叙述している。

読者が自分の関心に応じて利用していただけるように、以下本書の議論の概要を簡略な見取り図として示しておきたい。本書は、「倫理学」を幕末から明治のはじめにかけて西洋から移入されたさまざまな学問の一つと規定している（一〇頁）。したがって、西洋哲学受容後の日本の和辻倫理学を含めて、古代ギリシア以来の「人間性の探究」としての倫理学的思考の伝統が、本書の叙述の対象である。

「哲学」一般の対象は必ずしも人間に限られないであろうが、「倫理学」はすぐれて「人間」の探究である。本書は大きく分けて二つの部分からなり、最初に（A）「人間の本性」

との関連で「人間らしさ」を規定しようとする立場、続けて（B）人間の「実存条件」、とりわけ諸人格の共同性という側面から「人間らしさ」を探究する立場（第11章以降）が取り扱われる。

著者はまず（A）「倫理学がたずねるもっとも基本的な問い」（一七頁）である「人間とはなにか」から、「人間の本性」と「人間らしさ」という「人間性」の二つの意味を導き出す。人間であるかぎり誰しも「人間の本性」をそなえているであろうが、とはいえ、人間は必ずしも「人間らしく」あるわけではない。倫理学が問題にするのは、この「人間らしさ」なのである（第1章）。普遍的な「人間本性」と「人間らしさ」という、人間性の両側面の関係に着目すれば、倫理学的立場は「自然主義」、「歴史主義」、「実存主義」という、三つの形態に整理される（第2章）。

まず（一）「人間らしさ」を普遍的な人間本性に基礎づける「自然主義」的な立場として、アリストテレス、ヘレニズム時代の倫理思想（エピクロス、ストア派）が扱われる（第3章、第4章）。一方では「ポリス的人間の倫理」（五六頁）にとどまったアリストテレスの倫理は、ヘレニズム時代の「コスモポリテース」の思想と対比される。とりわけ、人間がすべて従わなければならないストア派の「自然法」という考え方は、この「コスモポリテース」的人間観に基づく（六八頁）。ただしヘレニズムの思想は、あくまで個人を中心に据えており、そこには「人間共同体に対する配慮は働いていない」（七〇頁）。そこで倫理学における「主我主義」と「主他主義」の対立が検討される。ショーペンハウアーやリップスの議論を紹介しながら、最終的には「主我主義」と「主他主義」を厳しく対立させる立場に対して疑問が投げかけられる（第5章）。

「快をもとめ苦を避ける自然本性」（八六頁）に着目する点で同じく自然主義的な「功利主義」の見方は、「主我主義」と「主他主義」の対立を少なくとも「緩和させる方向に向かっている」（八三頁）。たとえばベンサムの功利主義においては、「功利主義に基づく統治」をつうじて実現されるべき、「最大多数の最大幸福」という形で「個人の幸福と社会の幸福との調和」（九二頁）が図られているからである（第6章）。「快」と「善い」との同一視については、ムアによって「自然主義的な誤り」（一〇一頁）が指摘される。さらに、功利主義的立場は、一方では結果を重視し、行為の「動機」や行為者の「徳性」を問題にしない点で、「動機説」に対立する。他方で功利主義は、行為が「義務」に適っているかを問題にしない点で、「義務論」に対立することになる。ロスとフランケナの「義務論」を紹介したのちに（第7章）、カントの倫理学が検討される（第8章）。なぜなら、そこでは「人間の善さと義務の履行とが密接な関係にある」（一一二頁）とされるからである。

人間には、現代においてしばしば批判の対象となる理論的能力としての「理性」ばかりでなく、「実践的理性能力」が備わっていることを、われわれは「理性信仰」(一二七頁)によって確信することができる。

以上で検討された「自然主義」以外の二つの立場は、いずれも「普遍的な人間本性」に対して懐疑的な態度をとる点で共通している。一方の、(二)人間の超歴史的な普遍的本性の存在も、それに基づく超歴史的な普遍道徳の存在も認めない「歴史主義」の立場としては、世界精神の発展に着目するヘーゲルの歴史哲学、歴史的個別性を重視する歴史学者マイネッケ、新カント派、ディルタイの「生の哲学」、歴史的な社会経済状態に規定された「階級道徳」として道徳を相対化するマルクス主義が扱われる(第9章)。他方、(三)「実存主義」の立場は、ハイデッガーの「本来的実存」にせよ、サルトルの「実存の自由」にせよ、人間の実存をあらかじめ規定する「人間らしさ」の存在を否定し、人間の存在に対する態度や、自由な自己創造のうちに「人間らしい」ありかたを見いだす(第10章)。しかしそこでは「孤独な実存」が重視されており、「他者の問題」が本質的に欠落しているといわざるをえない。後にあきらかとなるように、そこには「汝」としての他者は不在」なのである(一八三頁)。

本書後半では、(B)「人間の実存条件」、とりわけ「他者とともに存在し、他者とのかかわりあいのうちで生きている」(一六七頁)という基本条件に基づいて普遍的な倫理を打ち立てる試みがなされる。和辻哲郎を参考にしつつ、著者も人間を「人と人との間」としてとらえる(一六八頁)。この転回点において大きな役割を与えられているのは、フォイエルバッハの「私―汝」の哲学である。著者はかつてより、「マルクス主義」との影響関係、あるいは「無神論者」、「唯物論者」という固定観念から、フォイエルバッハを解放するべきであると繰り返し主張していた。そこに登場してくるのは、「「私」と「汝」の間の対話」(一七〇頁)の哲学者としてのフォイエルバッハである(第11章)。そして「私―汝」関係のその後の展開として、ユダヤ教思想家ブーバー、実存主義からはマルセルとヤスパース、プロテスタント神学者のバルトが検討されている(第12章)。

ところで、このような「私―汝」関係が成立するのは、テンニエスが「共同社会」(一九三頁)と呼んだ親密な共同体にかぎられるのであろうか。そこで「役割関係」とその倫理を検討するために、レーヴィットの著書(邦訳『共同存在の現象学』熊野純彦訳、岩波文庫、二〇〇八)が扱われる(第13章)。このような「役割倫理学」は、「人格」を社会的属性へと還元する結果、「本当の自分」と「役割を演じる自分」の乖離(フロム)を生むように思われるが、レーヴィットは、自他の相互的自立性としての「絶対的な間柄」をもって、「自律的な自己」と「役割自己」(二〇七頁)の統合に向かっている。「役割倫理」の「人間倫理」への統合という課題は、終章で改めて論じられることになる。

続けて、人間の存在構造を、「人―間」としてとらえ、「間柄」の倫理学を展開した和辻哲郎の倫理学が検討される（第14章）。和辻においては、人間が「個と個の関係としてではなく、個と全体との関係」（二二三頁）のうちに捉えられ、しかもそこには「個に対する全の優位」（二二五頁）が認められる。「人格を人類の場に拡張できなかった」（二二六頁）点に和辻倫理学の限界が指摘され、特定の社会に限定された「社会道徳」と人類全体へと開かれた「人類道徳」という、ベルクソンによる区別が扱われる（第15章）。「人類倫理」へと向かうには、「人間の一人一人が掛け替えのない個別的存在であることに注目」し、「私―汝」関係に立ち返る必要がある（二四一頁）。「社会倫理」の側に属するように見える「役割倫理」もまた、この「私―汝」関係に基礎づけられなければならない。そして、「私―汝」関係のうちに、他者に対する応答の能力としての「対話的理性」（二四五頁）が見いだされる。最終的には、「人類倫理」と「神」との関係が検討され、「すべての個別的な人間が尊厳をもつ」という考えを支える「人類の神」に対する「理性信仰」と「実践理性」の働きを結びつけるカントの思考をもって、本書は閉じられる。この問題に関心がある読者は、さらに著者によるカント研究『カントと神』や、『カントの啓蒙精神』にも取り組んでいただきたい。

三、本書で扱われなかった問題にむけて

本書は、倫理学史の入門書としても随所に配慮がなされているが、あらゆる倫理学的立場をただ通時的かつ網羅的に扱うことを目指したものではない。思考の筋道が重視され、必要に応じて、従来の標準的な倫理学通史では目立たない思想家が焦点化される。逆に、従来大きく扱われてきた思想でも、簡単に言及されるだけの場合もある。たとえば、近代自然法思想については、ストア派との関連で簡単に触れられるにとどまる。また、ヘーゲルの本質的部分についての記述は不在であるが、重要な局面にヘーゲルの姿は影を落としている。フォイエルバッハは、(語源的には「対話術」に由来する)「弁証法」を掲げつつ、それが「孤独な思考者の自己自身との独話」(一七〇頁)にとどまるヘーゲルに批判を加えて、真の対話の哲学として「私―汝」関係の哲学を構築した。また、和辻倫理学の批判的検討にあたっては、「国家」をもって人倫組織の最高段階に位置づけた点にその限界が指摘されるが、同様の批判はヘーゲルの『法哲学』にもたびたび加えられてきた。とはいえ、以上のような限界を認めたうえでも、「絶対的に他であるもののうちで純粋に自己を認識すること」(『精神現象学(上)』熊野純彦訳、ちくま学芸文庫、二〇一八、四七頁)を学の

基本理念として掲げたヘーゲル哲学は、著者の構想した「相互主体性の哲学」を考えるうえで大いに参考となるものではないか、と解説者は考える。

また本書は、同時代的な問題に対処しようとする「応用倫理学」的な諸分野(たとえば「生命倫理」、「環境倫理」、等々)については、「冠倫理」と呼んで考察の対象から外し、「倫理」そのもの」へと向かうことを冒頭(「まえがき」)で宣言している。この点については、現代における実践的課題の直接的解決を「倫理学」に求めている読者にとって、物足りなく思われるかもしれない。実際、われわれの置かれたそのつどの現実と切り結んで、そのなかから思考を紡ぎ出してゆくことも、倫理学という学問の醍醐味のひとつであるはずである。それに対しては、「応用」にさきだって応用される「倫理それ自体」を根源的に考えねばならないという言い分でも、ひとまずは充分であろう。しかし著者のこのような態度の背後にはもっと重大な問題意識がある。

本書には、「計算能力」に偏りがちな近代的理性に対する批判的言及がしばしばみられる。たとえば、功利主義における「快楽計算」という考え方においては、経済活動や科学技術の発展と軌を一にした、「理性の変質」(一〇七頁)が指摘されており、そこに著者の近代文明そのものに対する批判的姿勢を窺うことができよう。だとすれば、「生命倫理」も「算定的思考によって人間の生死を計ることに重点を置くならば、これもまた技術的世界に埋没した振る舞いの一つ」ということになり、「尊厳死を問題にするならば、そもそも人間の尊厳はどこに成り立つのかを熟考することからはじめなければならない」(『人間の哲学の再生にむけて』、九七頁)。したがって、著者の立場としては、それらの問題もまた、根本的に「倫理それ自体」の検討を抜きにして論じられるべきではないのである。そういった意味で、本書は現代的な課題にもっぱら関心を抱く読者層へと向けられた書物でもある。

この『倫理学入門』をつうじて、読者は西洋倫理思想史上のそれぞれの立場について的確な理解を得ることができるであろう。しかし同時に、本書を通読することで、人間存在の根本構造の理解に基づいて、人間らしいありかたを探究してゆく倫理学的思考そのものに、みずから取り組んでいることにもなる。そしてこの点にこそ、最初の出版から少なからぬ時を経たにもかかわらず、本書がふたたび世に出る意義があろう。著者によれば、「道徳とは元来、人間の一人一人が自分で考え、自分で身につけるもの」である(一二頁)。本書の、丁寧に整備された思考の途を辿りなおすことで、読者はおのずと「自分で考えること」へ誘われるはずである。この「自分で考えること」こそが、カントの掲げた啓蒙の標語の趣旨であった(『カントの啓蒙精神』、三三頁)。人間の理解が多様化し、そこから普遍的な人間らしいありかたを汲みとることが困難となっている現代において、ともすれば倫理的思考は蔑ろにされる傾向がある。しかし、科学技術、そして人間の経済的活動が極端に肥大化した一方で、「道徳的素質の進歩」は見られない。そこで、「カントの啓蒙精神を現代において再生させる必要がある」、そして「将来の世代にむけて、カントの言う人類の人類に対する義務を果たすように努力することが、現代の人間に課せられた課題」である、このように著者は述べていた（前掲書、二七二頁）。本書『倫理学入門』が数多くの読者のもとへと届き、終生人類に希望を託し続けた著者との対話があらためて繰り広げられることを願ってやまない。

（みえの・きよあき　東洋大学准教授／哲学・倫理学）

ワ　行

ナ　行

ハ　行

マ　行

ヤ　行

ラ　行

タ　行

事項索引

索　引

人名索引

本書は、一九九七年三月、放送大学教育振興会より刊行された。

プラグマティズムの思想　魚津郁夫

アメリカ思想の多元主義的な伝統は、九・一一事件以降変貌してしまったのか。「独立宣言」から現代のローティまで、その思想の展開をたどる。

増補　虚構の時代の果て　大澤真幸

オウム事件は、社会の断末魔の叫びだった。衝撃的事件から時代の転換点を読み解き、現代社会と対峙する意欲的論考。（見田宗介）

言葉と戦車を見すえて　加藤周一
小森陽一／成田龍一編

知の巨人・加藤周一が、日本と世界の情勢について、何を考え何を発言しつづけてきたのかが俯瞰できる論考群を一冊に集成。（小森・成田）

敗戦後論　加藤典洋

なぜ今も「戦後」は終わらないのか。敗戦がもたらした「ねじれ」を、どう克服すべきなのか。戦後問題の核心を問い抜いた基本書。（内田樹＋伊東祐吏）

柄谷行人講演集成 1985-1988
言葉と悲劇　柄谷行人

シェイクスピアからウィトゲンシュタインへ、西田幾多郎からスピノザへ。その横断的な議論は批評の可能性そのものを顕示する。計14本の講演を収録。

柄谷行人講演集成 1995-2015
思想的地震　柄谷行人

根底的破壊の後に立ち上がる強靭な言葉と思想——。この20年間の代表的講演を著者自身が精選した待望の講演集。学芸文庫オリジナル。

増補　広告都市・東京　北田暁大

都市そのものを広告化してきた80年代消費社会。その戦略と、90年代のメディアの構造転換は現代を生きる我々に何をもたらしたか、鋭く切り込む。

インテリジェンス　小谷賢

スパイの歴史、各国情報機関の組織や課題から、情報との付き合い方まで——豊富な事例を通して「情報」のすべてがわかるインテリジェンスの教科書。

愛国心　清水幾太郎

近代国家において愛国心はどのように発展したのか。共同体への愛着が排外的暴力とならないために何が必要か。著者の問題意識が凝縮した一冊。（苅部直）

オーギュスト・コント　清水幾太郎

フランス革命と産業革命という近代の始まりに直面したコントは、諸学の総合として社会学を創った。その歴史を辿り、現代的意味を解き明す。（若林幹夫）

20世紀思想を読み解く　塚原史

「自由な個人」から「全体主義的な群衆」へ。人間という存在が劇的に変質した世紀の思想を、無意味・未開・狂気等キーワードごとに解読する。

緑の資本論　中沢新一

『資本論』の核心である価値形態論を一神教的に再構築することで、自壊する資本主義からの脱出の道を考察した、画期的論考。（矢田部和彦）

反＝日本語論　蓮實重彦

仏文学者の著者、フランス語を母国語とする夫人、日仏両語で育つ令息。三人が遭う言語的葛藤から見えてくるものとは？（シャンタル蓮實）

橋爪大三郎の社会学講義　橋爪大三郎

この社会をどう見、どう考え、どう対すればよいのか。自分の頭で考えるための基礎訓練をしよう。世界の見方が変わる骨太な実践的講義。新編集版。

橋爪大三郎の政治・経済学講義　橋爪大三郎

政治は、経済は、どう動くのか。この時代を生きるために、日本と世界の現実を見定める目を養い、考える材料を蓄え、構想する力を培う基礎講座！

フラジャイル　松岡正剛

なぜ、弱さは強さよりも深いのか？　薄弱・断片・あやうさ・境界・異端……といった感覚に光をあて、「弱さ」のもつ新しい意味を探る。（高橋睦郎）

言葉とは何か　丸山圭三郎

言語学・記号学についての優れた入門書。ソシュール研究の泰斗が、平易な語り口で言葉の謎に迫る。術語・人物解説、図書案内付き。（中尾浩）

ニーチェ　オンフレ／ロワ　國分功一郎訳

現代哲学の扉をあけた哲学者ニーチェ。激烈な思想に似つかわしくも激しいその生涯を描く。フランス発のオールカラー・グラフィック・ノベル。

空間の詩学
ガストン・バシュラール
岩村行雄訳

家、宇宙、貝殻など、さまざまな空間が喚起する詩的イメージ。新たなる想像力の現象学を提唱し、人間の夢想に迫るバシュラール詩学の頂点。

リキッド・モダニティを読みとく
ジグムント・バウマン
酒井邦秀訳

変わらぬ確かなものなどもはや何一つない現代世界。社会学の泰斗が身近な出来事や世相から〈液状化〉の具体相に迫る真摯で痛切な論考。文庫オリジナル。

社会学の考え方〔第2版〕
ジグムント・バウマン／ティム・メイ
奥井智之訳

日常世界はどのように構成されているのか。日々変化する現代社会をどう読み解くべきか。読者を〈社会学的思考〉の実践へと導く最高の入門書。新訳。

コミュニティ
ジグムント・バウマン
奥井智之訳

グローバル化し個別化する世界のなかで、コミュニティはいかなる様相を呈しているか。安全をとるか、自由をとるか。代表的社会学者が根源から問う。

ウンコな議論
ハリー・G・フランクファート
山形浩生訳／解説

ごまかし、でまかせ、いいのがれ。なぜ世の中、こんなものがみちるのか。道徳哲学の泰斗がその正体とカラクリを解く。爆笑必至の訳者解説を付す。

世界リスク社会論
ウルリッヒ・ベック
島村賢一訳

迫りくるリスクは我々から何を奪い、何をもたらすのか。『危険社会』の著者が、近代社会の根本原理をくつがえすリスクの本質と可能性に迫る。

民主主義の革命
エルネスト・ラクラウ／シャンタル・ムフ
西永亮／千葉眞訳

グラムシ、デリダらの思想を摂取し、根源的で複数的なデモクラシーへ向けて、新たなヘゲモニー概念を提示した、ポスト・マルクス主義の代表作。

鏡の背面
コンラート・ローレンツ
谷口茂訳

人間の認識システムはどのように進化してきたのか、そしてその特徴とは。ノーベル賞受賞の動物行動学者が試みた抱括的知識による壮大な総合人間哲学。

人間の条件
ハンナ・アレント
志水速雄訳

人間の活動的生活を《労働》《仕事》《活動》の三側面から考察し、《労働》優位の近代世界を思想史的に批判したアレントの主著。（阿部齊）

革命について
ハンナ・アレント
志水速雄訳
《自由の創設》をキイ概念としてアメリカとヨーロッパの二つの革命を比較・考察し、その最良の精神を二〇世紀の惨状から救い出す。（川崎修）

暗い時代の人々
ハンナ・アレント
阿部齊訳
自由が著しく損なわれた時代を自らの意思に従い行動し、生きた人々。政治・芸術・哲学への鋭い示唆を含み描かれる普遍的人間論。（村井洋）

責任と判断
ハンナ・アレント
ジェローム・コーン編
中山元訳
思想家ハンナ・アレント後期の未刊行論文集。人間の責任の意味と判断の能力を考察し、考える能力の喪失により生まれる〈凡庸な悪〉を明らかにする。

政治の約束
ハンナ・アレント
ジェローム・コーン編
高橋勇夫訳
われわれにとって「自由」とは何であるのか――。政治思想の起源から到達点までを描き、政治的経験の意味に根底から迫った、アレント思想の精髄。

プリズメン
Th・W・アドルノ
渡辺祐邦/三原弟平訳
「アウシュヴィッツ以後、詩を書くことは野蛮である」。果てしなく進行する大衆の従順化と、絶対的物象化の時代における文化批判のあり方を問う。

哲学について
ルイ・アルチュセール
今村仁司訳
カトリシズムの救済の理念とマルクス主義の解放の思想との統合をめざしフランス現代思想を領導した孤高の哲学者。その到達点を示す歴史的文献。

スタンツェ
ジョルジョ・アガンベン
岡田温司訳
西洋文化の豊饒なイメージの宝庫を自在に横切り、愛・言葉そして喪失の想像力が表象に与えた役割をたどる。21世紀を牽引する哲学者の博覧強記。

アタリ文明論講義
ジャック・アタリ
林昌宏訳
歴史を動かすのは先を読む力だ。混迷を深める現代文明の行く末を見通し対処するにはどうすればよいのか。「欧州の知性」が危難の時代を読み解く。

プラトンに関する十一章
アラン
森進一訳
『幸福論』が広く静かに読み継がれているモラリスト、アラン。卓越した哲学教師でもあった彼が平易かつ明快にプラトン哲学の精髄を説いた名著。

ちくま学芸文庫

倫理学入門《りんりがくにゅうもん》

二〇一九年二月十日　第一刷発行

著者　宇都宮芳明（うつのみや・よしあき）

発行者　喜入冬子

発行所　株式会社　筑摩書房

東京都台東区蔵前二―五―三　〒一一一―八七五五

電話番号　〇三―五六八七―二六〇一（代表）

装幀者　安野光雅

印刷所　株式会社精興社

製本所　株式会社積信堂

ISBN978-4-480-09904-4 C0112